新版
世界に通用する一流の育て方

地方公立校から〈塾なしで〉ハーバードに現役合格

廣津留真理

新版に寄せて

家庭に「最強の私立校」を作りましょう

変化に惑わされない、自立できる子どもを育てる

この本を出版した2016年から、世界は大きく変わりました。

新型コロナウイルスのパンデミックがあり、ChatGPTのような生成AI（人工知能）の劇的な進化があり、世界的な気候変動はますます深刻さを増しています。

これからも激変を続けるであろう世の中を、自分らしく生き抜くために、わが子には一体どのような教育が相応しいのか。思い悩んでいる親御さんも多いでしょう。

AIやロボットに奪われるような仕事には就かせたくないとか、これからは英語だけではなくSTEAM教育（理系＋アート）も早期に行わないと世の中の変化に対応できないのではないかと不安になる親御さんもいます。

でも、将来がどうなるかを気にしていたらキリがありません。

新型コロナのパンデミックを予言した専門家は世界に誰もいませんでした。今後AIがどのくらい進化するのかも予測不能でしょう。ChatGPTの登場が象徴しているように、従来の常識が陳腐化するゲームチェンジは、ある日突如として起こるのです。

だとしたら、子どもを思いやる親御さんの悩みを解決する方法は、極めてシンプル。**常識とされているものを鵜呑みにせずに疑い、検証し、自分の頭で考えて行動できる「自立した人間」に育てることです。**

そもそも子どもたちは、柔軟な頭脳と感受性の持ち主。子どもたちにスマホを持たせたら、あっという間に縦横無尽に使いこなせるようになります。その適応力は、一世代前の親御さんの想像を遥かに超えています。

先日、私の地元大分の女子高生のメイクを見ていたら、自撮りした写真をSNSなどに投稿する際、見栄えを良くする「顔加工アプリ」風になっていることに気づきました。顔加工アプリのテクニックを〝パクって〟いたのです。その発想の斬新さに、私はちょっとした感動を覚えました。

AIなどが社会をどう変えようとも、子どもたちは本来、環境変化にしなやかに対応するだけのポテンシャルを持っていると私は思っています。

そんな子どもたちの柔軟な頭脳と感受性をのびのびと伸ばし、ポテンシャルを最大限に引き出すために求められるのが、「自立した人間」に育てることです。

自分の頭で考えて行動できるようになっていれば、「ＡＩに仕事が奪われる」とか「人口減少が続く日本はこのままだと衰退途上国になる」といった周囲の大人が何の根拠もなく騒ぎ立てる雑音を軽やかに〝スルー〟し、惑わされることはないでしょう。

ひと昔前の教育では、子どもたちを、大人が過去の成功で考えた「型」に無理やりハメることが盛んに行われていました。

終身雇用、年功序列といった日本型経営が主流だった昭和時代では、偏差値の高い日本の大学に入り、いわゆる一流企業に新卒で就職して定年まで勤め上げるのが、〝勝ち組〟だと堅く信じられていました。ですから、偏差値の高い学校、一流企業に入るための「型」にハメる教育が行われていたのです。

もちろん、子どもたちの将来の幸せを考えてのことでしょう。ですが、偏差値の高い日本の学校に通うことや、一流企業への就職が、必ずしも子どもたちの幸せにつながらないことは、令和時代の親御さんならお分かりだと思います。

一生懸命になって「型」にハメたとしても、時代が変わるとその「型」自体が通用しなくなります。加えて私が懸念するのは、「型」にハメる教育が子どもたちの頭脳と感受性、ポテンシャルをダメにして、自立を妨げる要因になりかねない点です。

家庭こそが最強の私立校

２０１２年、娘のすみれが、大分市の県立高校からアメリカ・ハーバード大学に入学したことがきっかけとなり、この本を出す運びとなりました。

この本は日本全国に３つの点で衝撃を与えました。１つ目は、日本から、それも地方の公立小中高出身の女の子が、塾に一度も通わないで、現役でハーバード大学に合格したこと。

２つ目は、そもそもアメリカのハーバード大学を日本にいながら日本人が受験可能なこと。しかも渡米しないでコンピュータさえあれば受験できるという誰も知らなかったことを実証したこと。

３つ目は、２０１２年までは日本の東大と医学部が大学ランキング最高峰と思われていたのが、実は世界ランキングというものが存在しており教育もグローバル競争で良い人材の奪い合いになっている事実が一般に知られたこと。

私はこの２０１２年にSummer in JAPANという非営利の教育団体を立ち上げ、子どもたちに進学先の選択肢を増やしてもらおうと、ハーバード大学の大学生を大分市に毎夏招聘して、サマースクールを開校しています。

私が分かってもらいたかったのは、ハーバード大学に行くことの重要性ではありません。**インターネットをフルに活用すれば、日本にいながらにして、たとえ大分市という地方都市からでも、世界197か国のどの大学でも好きなところにエントリーできる面白い時代になったことを知ってもらいたかったのです。**

その後日本でも、公立や私立の中高一貫校、英語で授業をするインターナショナルスクール、ネットと通信制を活用したネット校など、学校の選択肢は年々広がっており、それぞれに良さがあります。私が主宰する英語教室に子どもが通う親御さんからも、「子どもをどこへ入れたらいいですか?」という質問をよく受けます。

それに対する私の答えはこうです。

「家庭こそが〝最強の私立校〟ですよ」

私がそう断言する理由は、自立した子どもに育てるには、家庭教育こそが最強の手段だと思っているから。

家庭教育は、就学前の0歳から6歳までがとくに重要だと私は思っています。10歳

（小学4年生）くらいになれば子どもは自立できるようになり、自らの頭で考えて学び、好きな進路を選択できるようになります。親御さんは最大の理解者として、近くでいつもニコニコしながら、そのチャレンジをサポートしてあげればいいのです。

自立した子どもたちは、世界中の中学、高校、大学から好きなところを選んで学び、自由に羽ばたいていってくれるでしょう。娘のすみれも、自分でハーバード大学へ行くと決めて、受験するための方法を独力で調べて合格を果たしたのです。

あえてサラリーマンになるという選択肢もある

最初にこの本が出たときに寄せられたご意見に、「同じようにやっても、誰もがバイオリニストになれるわけではない」というものもありました。

娘は望んでバイオリニストになりましたが、私は子どもたち全員に音楽家になってほしいわけではありません。陸上の短距離が速いタイプがいれば、長距離が得意なタイプもいます。一人ひとりの特性に合わせて好き・得意を伸ばせば良いのです。娘はたまたまバイオリンが得意だっただけです。

たとえば、サラリーマンを目指すというのも、もちろんアリだと思います。日本の労働力人口の約86％にあたる5967万人が、サラリーマン（民間給与所得者）です。「世界は誰かの仕事でできている。」という缶コーヒーのキャッチフレーズがあります。その「誰か」の大部分を担っているのはサラリーマン。多くは、私たちの社会と経済を根底から支えている、いわゆるエッセンシャルワーカーでもあります。

エネルギーを安定的に供給する、道路や鉄道などのインフラを整備する、世界的なサプライチェーンを構築するといったビッグビジネスには、民間企業でないと担えないものが少なくありません。それを支えてくれているのが、大勢の無名のサラリーマンたちです。みんながバイオリンを弾いていたら、電気やガスの供給が滞り、新幹線も高速道路も大渋滞で社会は停滞するばかりでしょう。

ただサラリーマンという「型」も時代の流れを踏まえて変わってきています。大きく3タイプに分かれてきているのです。

サラリーマン1・0は、もっともオーソドックスなタイプ。あえて企業活動を支える歯車の役割を進んで担い、それ以外の家族との暮らしや余暇を楽しむワークライフバランスを重視するサラリーマンです。

サラリーマン2・0は、企業でしかできない仕事をこなしながら、違った形での社会貢献活動など個人的にやりたいことを副業で実現するタイプ。いわば二刀流です。副業で自己実現できていれば、働くモチベーションが高まり、本業であるサラリーマン活動のパフォーマンスが上がるという好循環も期待できます。最近日本でも、副業を認める企業が少しずつ増えてきています。

サラリーマン3・0は、副業を本業に変え、将来的には思い切ってサラリーマンを辞めて起業するという未来予想図を密かに描いているタイプ。

いきなり起業するのはリスクが高すぎますが、本業＋副業の二刀流によりサラリーマンで生活の糧を得ながら、副業でやりたいことの経験値とスキルを高めているうちに、「独立してもやっていけそうだ」という手応えが得られることもあるでしょう。副業が収入的にも本業に迫ってきたら、起業する潮時。その際には、サラリーマン時代に築いた人脈や学びが大いに役に立ってくれるに違いありません。

自分で率先して考えて選び、「型」にハマらないサラリーマンになるためにも、家庭教育で「自立した人間」に育てることは重要なのです。

最強の私立校の作り方1：ポリシーを定める

では、家庭に最強の私立校をどうやって作ればいいのでしょうか。

私立校や塾などと違い、家庭教育には学費はかかりません。以下、私が実践した方法を6つのステップに分けて紹介していきます。この方法なら、どこの家庭でも実践できるとお分かりいただけると思います。本編と重複している部分もありますが、そのエッセンスをコンパクトにまとめてみましょう。

あらゆる学校にはそれぞれ、どういう人材を求めて、どのような人材を育てるかというポリシーがあります。

私が考える最強の私立校の基本ポリシーは、前述のように「自立した人間」を育てることです（親御さんの考え次第で、それとは違った基本ポリシーもあり得るでしょう）。

それではあまりに漠として抽象的だと思うなら、最高学府である大学のウェブサイ

トを覗いてみてください。

なぜ小学校でも中学校でも高校でもなく、大学なのか。それは何事もゴールから逆算で考えた方が合理的かつ効率的だと思っているからです。

義務教育、家庭教育の先には、多くの場合、大学があります。たとえ大学に行かないという決断を下すとしても、ゴールに設定されている大学ではどのような人材を求め、育成しようとしているかを知るのは有益でしょう。そこから逆算しながら、わが子をどのように育てるかというポリシーを定めてみてください。

時間があるときに、ハーバード大学、ケンブリッジ大学など人材育成で世界的に評価が高い大学のウェブサイトを見てみましょう。テキストは英語ですが、インターネットの翻訳機能を使えば一瞬で日本語に転換して読むことができます。

日本語でじっくり読んでみたいなら、東京大学や東北大学などのウェブサイトをチェックしてみましょう。たとえば、東京大学では現総長からのメッセージだけではなく、歴代総長のメッセージ、歴代総長の式辞・告示集などを読むことができます。なかなか読み応えがありますよ（https://www.u-tokyo.ac.jp/ja/about/president/index.html）。

この他、ポリシーを考える上で参考になるのが、国がこの先の教育に対してどのようなビジョンを描いているか。ウェブサイトで公開されていますので、一読して参考にしてみてください（https://www.mext.go.jp/content/20230615-mxt_soseisk02-100000597_02.pdf）。

最強の私立校の作り方2：カリキュラムを決める

義務教育の5教科7科目は学校を信頼して〝外注〟してしまい、家庭教育ではそれ以外で子どもの好き・得意を伸ばす教育をしてあげてください。

子どもは好き・得意なものなら、自ら進んで喜んで取り組んでくれるでしょう。それも「自立」の手がかり、足がかりとなります。

小さいうちは、子どもは何が好き・得意なのかがわからないでしょう。いろいろ試しているうちに徐々にわかってくるものです。

何から試させたら良いのかに迷ったら、まずは親御さんの好き・得意の周辺領域から探してあげてください。

親御さんが好き・得意なものを楽しんでいる姿を見せていたら、子どもは自然に興味を持ち、「私もやってみたい！」と思うようになるでしょう。世襲制は批判の対象になることもありますが、歌舞伎を演じる家に生まれて親御さんが舞台で活躍している姿を見たら、子どもたちが「自分もやってみたい！」と思うのは自然ではないでしょうか。

うちは私も夫も音楽が大好きでしたから、娘にはバイオリンとピアノから試してもらいました。さらに私は英語が得意で教室で子どもたちに教えていましたから、娘にも英語を試してもらうことにしました。娘はこの2つの分野で才能を開花させて、バイオリンではジュリアード音楽院で学び、英語力を活かしてハーバード大学へ入学できたのです。

好き・得意の手がかりが得られたら、それを因数分解します。

たとえば、バイオリンなら、他にもソルフェージュ（音楽の基礎訓練）やピアノを学ぶ必要があります。英語ならリスニング（聞く）、スピーキング（話す）、リーディング（読む）、ライティング（書く）という4技能に加えて、英単語を覚える必要があります。

こうして因数分解したやるべきタスクを、1日単位または1週間単位でリストアップして頻度を踏まえて「ToDoリスト（やることメモ）」に落とし込みます。バイオリンは毎日、ソルフェージュは週1回、ピアノは週5回といった具合です。

そこで毎日の「ToDoリスト」にぜひ加えてほしいのが、マインドフルネス呼吸。子どもたちの緊張を取り、集中力を高め、リラックスさせる効果があります。

マインドフルネスとは、悔やんでも変えられない過去にクヨクヨせず、まだ来ない未来に余計な不安を感じないために、「いまここ」に集中するためのインスタントな瞑想のようなもの。

マインドフルネス呼吸では、呼吸だけに意識を向けつつ、鼻からお腹を膨らませるように息を吸い、口からお腹を凹ますように息をフーッと長く深く吐き切ります。

1回10秒から始めて時間を徐々に伸ばし、1回20秒できるようになるのが理想。頭のなかで「自分はいつでも大丈夫」と唱えながらやると、より効果的だと教えてあげましょう。わずか数回で子どもたちはマインドフルネス呼吸が上手にできるようになり、落ち着いて授業に取り組んでくれるようになります。

私の英語教室の生徒さんにも、英語でスピーチする直前など、緊張しそうなタイミングでマインドフルネス呼吸をやってもらっており、効果を上げています。

親の好きや得意をマネているうちに、子どももやがて自分自身の好きや得意がわかってきます。コツコツ取り組む、小さな成功体験を積み重ねるなど好きの深掘り方法はわかっているので、自分の好きが親の周辺領域と異なっている場合も応用が利きます。好き・得意なものをあれこれ試しているうちに、より好き・得意なものと、それほど好きでも得意でもないものが出てくるでしょう。なかには、最初は楽しそうに取り組んでいたのに、ふと興味を示さなくなるものだって出てくるかもしれません。

時間こそは人生でもっとも貴重なリソース（資源）。限られた時間をどこに集中するかという視点に立つと、もっとも有望と思われるものに優先して最大限に割くべきでしょう。

だからといって、有望でガチで取り組むもの以外、全部やめてしまう必要はありません。

娘もバレエは早々に辞めましたが、ピアノはバイオリンと並行してずっと続けました。ガチなもの以外は趣味として楽しめばいいのです。ガチなものに疲れたとき、息抜きになる趣味があれば、前者もストレスなく続けられるでしょう。

その趣味が、世代を超えて花開くこともあり得ます。

私も夫も音楽家ではありませんが、クラシック音楽が共通の趣味。二人の両親がどちらともクラシック好きだったからです。

私たち夫婦にとって音楽は趣味ですが、娘はそんな家庭で育ち、プロのバイオリニストになりました。祖父母の世代の趣味が受け継がれて、ひょっとしたら孫世代で花開くかもしれないと想像すると何だか素敵だと思いませんか？

カリキュラム作りで悩んだら、参考になるのが世界のボーディングスクール（全寮制の寄宿学校）がどのような教育を行っているか。欧米のボーディングスクールは、世界的に活躍する人材の育成で定評があります。

私は娘が生まれる前に、スイスやイギリスのボーディングスクールの入学案内を取り寄せて参考にしました。当時はインターネットが普及していませんでしたから、手紙で依頼して郵送してもらったのです。いまではそんな手間をかけなくても、インターネットでいくらも見ることができます（https://luxe.digital/lifestyle/scene/best-boarding-schools/）。

そこでは、いわゆる5教科7科目以外にも、教養と情操教育としての音楽、リーダーシップを養うためのチームスポーツなどが行われています。乗馬のように日本では実践するハードルが高い科目もありますが、将来世界を動かすような人材が何を学んでいるかを逆算でチェックしておくのは、無駄ではないと思います。

最強の私立校の作り方3：校長・教頭を決める

最強の私立校の先生は通常、パパとママです。どちらかがメインの校長先生、もう一方がサポート役の教頭先生となってください。うちでは私が校長、夫が教頭でした。他に教員はいませんから、校長も教頭も管理職ではなく現場を担う立場。

家庭では教育により多くの時間を割くために、家事全般をパートナーと分業したり、ロボット掃除機や食洗機のような便利なテクノロジーを活用したりしながら、できるだけ省力化&効率化を図るようにしましょう。

加えて大事なのが、「家事はかくあるべし」という思い込みを捨てること。

100点満点を目指したら、心も体も疲れてしまい、家庭教育どころではなくなります。朝食は出来立てホヤホヤを出さなくてはならない、子どものお弁当は可愛いキャラ弁でなくてはならないといった思い込みはいったん脇に置いてください。栄養バランスさえ取れていれば、週末の作り置きを組み合わせた朝食で十分。キャラ弁作りは楽しいものですが、その時間を家庭教育に割く方が、長い目で見ると子どものためになるのではないでしょうか。

夫婦が協力して最強の私立校が作れるとしたら、校長役は仕事をセーブして家庭教育により専念するのも良いでしょう。

私は娘を出産する前日までフルタイムで英語教室の仕事をしていましたが、彼女が生まれてからは仕事を週1回程度にセーブ。最強の私立校が軌道に乗ってからは、少しずつ働く時間を増やし、彼女が小学4年生になって自立してから、完全復帰を果たしました。

校長に任命されたら、最強の私立校が軌道に乗るまでは休業・休職を続け、家庭教育にすべてのエネルギーを注ぐという選択肢もアリでしょう。

仕事をしていた人が、家庭教育のために休業・休職を続けることを躊躇うとしたら、おそらく次の2つの理由が考えられるでしょう。

第一に、休業・休職で稼ぎが減り、家計の経済的な負担が増えるというもの。

心配はもっともですが、家庭教育は塾などに外注する場合と違い、基本的にコストゼロで運用できます。校長も教頭も無給であり、月謝も不要なのです。

さらに、家庭教育に没頭していると外食や外出の機会がめっきり減り、外食費や被服費、交際費などがあまりかからなくなります。工夫次第で経済的な負担を減らすことは、いくらでもできると思います。

無理してミニマリストになる必要はありませんが、毎日同じ服を着ていたアップル創業者の故スティーブ・ジョブズ氏を真似て、少ない洋服でいかに暮らしを楽しめるかにチャレンジするのも良いでしょう。

振り返ると、私の場合はせっせと作り置きをストックしながら、「どうしたら食費を抑えられるか」をゲーム感覚で楽しんでいた部分もありました。

親御さんが「休業・休職したからカツカツだ。今月、どうやってやりくりしよう」と目を三角にしていたら、子どもは萎縮します。幸いなことに、ここ日本では電気、ガス、水道といった生命線を支える基本的なインフラは、物価高になっても比較的安価で提供されています。心にゆとりを持ち、子どもの教育に重きを置いた価値ある耐乏生活をどこまで楽しめるかを追求してみるのも悪くないでしょう。

休業・休職を続けることを躊躇う第二の理由は、自らのキャリアと自己実現が道半ば、中途半端に終わることへの恐れではないでしょうか。

地道に積み上げてきたキャリアや自己実現を一時的に失うとしたら、それは少なからずショックですよね。

でも、私の経験を踏まえて言わせてもらうなら、一時的に休業・休職したとしても、子育てという得難い経験を踏まえて復帰する際は、あなたは何倍もパワーアップしています。子育て後に仕事復帰すれば、ブランクをモノともしないパワフルなキャリアアップが図れるでしょう。

子どもは日々刻々と成長します。そんな子どもに寄り添って教育係を担っていると、親御さん自身も成長できるようになります。子育ては、一種のリカレント教育（学校教育を離れて以降、仕事と学びを繰り返しながら、知識とスキルを時代に応じてアップデートすること）に他ならないのです。

また、家庭教育に勤しんでいると、自分たちで決めたカリキュラムを効果的に達成していくためにタイムマネジメントが上手になります。加えて、繊細な子どもの気持ちに寄り添うために、目の前にいる相手が何を考えているかを踏まえて、どう行動するのがベストなのかという心理学的な視点が備わるようになります。

私は、娘の子育てを終えてから2つの会社を立ち上げました。

そこでは、子育てを通じて成長できたタイムマネジメントや心理学的な視点がおおいに役立っています。

ビジネスでは、膨大なタスクを決められた時間内に確実にこなすことが求められます。そこで重要になるのが、限られた時間を効率的に使うタイムマネジメント。雇用したスタッフの働く意欲を引き出し、安心して働けるように心の状態をケアし、キャリアアップを図ってあげる上でも、子育てで身につけた心理学的な視点が役立っているのです。

人生は100年時代。子どもが0歳から6歳までの6年間のブランクがあったとしても、長い人生を俯瞰してみるとあっという間の出来事。校長、教頭を引退して子どものサポート役にまわってから、仕事に復帰したり、新しいビジネスを立ち上げたりする時間的な余裕はいくらでもあるのではないでしょうか。

最強の私立校の作り方４：ひたすら褒める。評価しない

家庭教育に求められる校長と教頭のもっとも大事な役割は、子どもたちを褒めること。

子どもが「ToDoリスト」を一つクリアするたびに、「すごい！」「よくできたね！」と褒め倒してください。少々大袈裟かなと思えるくらいで、ちょうどいいのです。子どもたちは親御さんが大好きです。大好きな親御さんから褒められたら、嬉しくなり、何事にもモチベーションが高まります。すると好き・得意も勝手にぐんぐん伸びてくれるでしょう。こう言うと、子どもが親の顔色をうかがって行動するようになり悪影響だという指摘もありますが、もっと素直になってください。誰だって褒められたほうが嬉しいのです。ただし、口先だけではダメなので、心の底からすごいね！と思えるように親のマインドをポジティブ思考に変えておきましょう。

控えてほしいのは、安易に評価をしたり、他人と比べたりすること。

バイオリンでも英語でも、子どもたちが頑張って仕上げた成果に対して、優・良・

可、松・竹・梅などと評価するのは控えてください。

そうした評価は、親御さんの主観に過ぎません。正しい保証がどこにあるのでしょうか。それは学校のテストの点数とまったく同じ。多忙な先生が苦労してジャッジして下さっているのは有り難いのですが、それを絶対視しなくてもいいのです。**親御さんが目を向けるべきなのは、学校以外に家庭でも頑張ってチャレンジしている子どもたちの姿勢。そこを一生懸命褒めるだけに留めましょう。**

親御さんが評価をし始めると、子どもたちは親御さんの目を気にするようになります。それでは「自立」する心は育ちません。そして自分自身が心から楽しいからやっていたのに、親御さんから評価されるために取り組むようになると、モチベーションが下がる恐れもあり得るのです。

最強の私立校の作り方5：楽しいイベントも適宜織り交ぜる

学校では5教科7科目のルーティン的な学び以外にも、運動会や文化祭、修学旅行といったイベントが用意されています。こうしたイベントは、学校生活の潤いになると同時に、ルーティンでは得られない学びの機会となっています。

それに倣い、最強の私立校でも、日々のルーティン以外に楽しくて学びもあるイベントを用意してみましょう。

おにぎりを持って近所の公園へ遊びに行ったり、近くの美術館や植物園を訪れたり、日帰りのデイキャンプに出かけたりするのも、立派なイベント。学校や家庭では得られない貴重な学びのチャンスとなり、お金もそんなにかかりません。

わが家では、娘が自らイベントを企画していました。

彼女が初めてイベントを企画したのは、たしか5歳の頃。

画用紙に「廣津留すみれリサイタル」とタイトルを大きく書き出し、その下に演目をリストアップ。本人はディナーショーのつもりだったので、メニューの欄にはローストチキンやチョコレートケーキといった娘や親の好物が並んでいました。

最初のリサイタルの観客は私と夫だけだったのですが、その後は友だちなどをどんどん呼ぶようになり、私はピアノ伴奏に駆り出されるようになりました。このリサイタルが、やがて後述するホームパーティへと発展したのです。

娘は自立して中学生になると、自分でコンサートを企画して、幼稚園や美術館などでもバイオリンを弾いていました。そして高校2年生のときには、クラシックの殿堂であるニューヨークのカーネギー・ホールで弾くようになったのです。

親御さんからイベントを提案するのも良いのですが、子どもにも「どんなイベントをやってみたい？」と聞いてあげてください。それが好き・得意をさらに伸ばすきっかけになることもあるのではないでしょうか。

最強の私立校の作り方6：家庭では無償の愛を注ぎ、学校では人間関係を学ぶ

親御さんなら誰でも、わが子には幸せになってほしいと願っているはずです。そのために大事なのが「自立」ですが、もう一つ大切なものがあります。それは「良い人間関係」を築くことです。

幸せに関する研究で、近年世界中のSNSで話題になっているものに、ハーバード大学の「成人発達研究」があります。

これはハーバード大学を卒業した男性たちと、ハーバード大学があるボストン育ち

の貧しい男性たちという対照的な2つのグループ（各々約700人）をおよそ75年にわたり、追跡研究したものです。

この研究で対象者の幸福度とその要因を調べてみたところ、2つのグループではまったく同じ結論が得られました。どちらとも、幸福度を高めてくれるのは、「良い人間関係」だったのです。

ハーバード大学を卒業した男性たちの多くは、ボストン育ちの貧しい男性たちと比べておそらく平均年収が高く、暮らし向きも良く、物理的に豊かな生活を送っているでしょう。

それにもかかわらず、2つのグループでまったく同じ結論が導き出されたのです。**つまり、幸福度を直接決める要因は学歴でも年収でも住環境でもなく、「良い人間関係」が築けているかどうかだったのです。**

かつてマザー・テレサは、「この世の中で最大の不幸は貧しさや病ではない。誰からも自分は必要とされていないと感じることです」と語りましたが、まさにその言葉を実証した研究とも言えるでしょう。

しかも、この研究では「良い人間関係」で大切なのは量より質であり、何を話さなくても一緒にいるだけでリラックスできて、心から信頼できる友人が一人でもいるかどうかが幸福度と強く関連していました。

「良い人間関係」があり、自分には何かあったら全力で助けてくれる信頼できる人が一人でもいるという安心感があれば、子どもたちは自立した行動が取りやすくなるでしょう。それは私がこれまで30年以上、英語教室を経営して様々な子どもたちと接してきて得た実感とも合致しています。

「良い人間関係」がある人は幸福度が高いうえ、健康度も高いという結論も得られました。ストレスが緩和されるので、おそらく心身を健やかに保ちやすいのでしょう。

信頼できる人間関係を築くためには、何よりもまず自分自身が信頼されるような人間、マザー・テレサ風に言うなら必要とされるような人間になるべき。

そのために家庭教育に求められるのは、家庭をわが子にとってつねに１００％安心・安全な場所にしたうえで、校長と教頭（つまり親御さん）が無償かつ至上の愛を注ぎ続けて、１００％信頼できる存在であり続けること。

その環境があって初めて、子どもたちは「自分は自分でいい」と自己肯定感が高まり、他人を信頼できるようになり、自らも信頼される存在になり得るでしょう。

幼少期に親御さんと健全な愛着（アタッチメント）の経験が得られないと、子どもたちが「愛着障害」に陥る恐れがあります。

愛着障害があると自己肯定感が下がり、他人を信頼できなくなり、他人からも信頼されにくくなるため、孤独に陥りやすくなるという研究もあります。それでは、幸せの基盤を作る「良い人間関係」は築きにくくなるでしょう。

学校は5教科7科目などが学べる場所であると同時に、人間関係を学べる場所であり、信頼できる友人が作れる場所でもあります。生まれも育ちも異なる友人たちと触れ合い、ときには衝突しながら人格を磨き、「良い人間関係」を作る基礎が出来上がるのでしょう。それは親子関係だけでは学べない部分です。

子どもが親御さんから精神的に離れて自立して以降は、友だちの影響が大きくなります。その段階で友だちと「良い人間関係」が築けていることが大切です。

ですから私は、まだ幼い娘を学校へ送り出す際、「今日も一日、人間関係を学んでいらっしゃい！」という気持ちで手を振っていました。娘は幸いにも友人に恵まれて、その後の人生で「良い人間関係」が築けているようですから、最強の私立校と学校との間で良好な分業関係が築けたと思っています。

〝外注先〟から帰ってきた子どもが学校の話をしたら、たとえ家事が忙しくても手を止めて、丁寧に耳を傾けましょう。とくに友だちとの人間関係の悩みを打ち明けてきたら、専属スクールカウンセラーとして話を聞いてあげてください。

聞いて親御さんが何かの結論を出す必要はありません。子どもは１００％信頼できる親御さんに話すだけでも気持ちがふっと楽になり、悩みに自ら立ち向かおうという気持ちになれるでしょう。それで「明日もまた学校に行ってみよう」と子どもは前を向き、自分で自らの人生を切り開ける「自立した人間」への歩みを進めてくれるのです。

また、家庭を安心安全な場所にするには、親同士が褒め合うこともかかせません。今日はこんなことがあった、それはすごいね、など、食事や食後の晩酌の際にも出来事や意見をシェアして褒め合いましょう。校長の役目は時としてプレッシャーです。教頭からの褒めの一言で、明日も管理職も現場もがんばろう、という前向きな気持ちになれるのです。

もくじ ◉ 新版　世界に通用する一流の育て方　地方公立校から〈塾なしで〉ハーバードに現役合格

新版に寄せて　家庭に「最強の私立校」を作りましょう

序章

子どもの才能を花開かせる育て方

第1章

6歳までの育て方が子どもの学力を伸ばす

第2章　子どもが自分で勉強するようになる

第3章 小学生からの頭がいい子の生活習慣

第4章 模試も宿題も無視！ ひろつる式〈非常識〉受験メソッド

第8章 ひろつる式英語学習メソッドで使える英語が身につく

第9章 地方県立高校からハーバード大学現役合格へ

第10章 ハーバード流のズバ抜けた結果を出す行動術

序章

子どもの才能を花開かせる育て方

学費は小中高12年間でたったの50万円

冒頭からはっきり申し上げておきましょう。

親は学校や塾に子どもの勉強を丸投げしてはいけません！

2012年、一人娘のすみれが地元大分の県立大分上野丘高校から米ハーバード大に現役合格しましたが、それまで一度も塾通いしたことはありません。それは何より、私が家庭学習を重視してきたからです。

娘を妊娠したときから、私は独自に家庭学習の準備をはじめました。もちろん、最初から確固たる教育理論など持ち合わせていたわけではありません。学術書を含めて、育児本を200冊ほど読むことからはじめたのです。

日本の本だけでなく、アメリカの育児書もとり寄せて勉強しました。そして、模索しながらも自分の頭で考えて独自の家庭学習を娘に授けてきたのです。その方法について、これから本書でじっくりと紹介していきたいと思います。

時間を自由に使える幼少期は、家庭学習の機会にあふれています。私は娘が0歳のときから日本語と英語の絵本を「読み聞かせ」して、2歳からは娘1人でも読める市販の教材や手づくりの絵本で日本語と英語の読み方を教えました。

特に力を入れたのは、私自身が好きだった英語と音楽です。

2歳から英語の勉強をはじめた娘は、4歳で英検3級（中学卒業程度の英語レベル）に合格。バイオリンも2歳からはじめ、その後、演奏会で披露したりコンクールで入賞したりしました。

「バイオリンを習わせていた」というとお金持ちだと思われそうですが、わが家は地方都市大分の平均的な家庭です。

娘にバイオリンを習わせることができたのは、幼稚園は年長の1年だけ、それに塾通いを一切しなかったため、学費を抑えられたことが大きいです。小中高すべて公立校で、その12年間通算の学費はたった50万円ほどだったのです。

文部科学省「子供の学習費調査」（令和3年度）によると、公立の小中高に12年間通うと全国平均の授業料はおよそ83万円。ずっと公立校に通っても、塾や習い事を足すと12年間の学費は計400万円。ずっと私立校だと計840万円で、塾通いを含めた学費の総額になると1440万円以上に跳ね上がるそうです。

わが家の場合、2010年度からはじまっていた高校授業料無償化の恩恵を受けたので、これに給食費や家庭学習に必要な本代などを合わせても小中高12年間で50万円ほどしかかからなかったのです。

家庭学習に注力して、その分浮いたお金で音楽やスポーツなどわが子の可能性を伸ばしてあげたほうがよい。そう私は思うのです。

地方の公立校から海外のトップ校へ

娘はハーバード大に現役合格しましたが、高2の3学期まで「海外の大学へ行く」なんて考えてもいませんでした。

では、そんな娘がなぜハーバード大に入ったのか？　きっかけは、高2のときにバイオリンの演奏旅行で渡米した際、ハーバード大のキャンパスを見学したことでした。

あとで詳しく説明しますが、日本では味わったことのない自由闊達な雰囲気に魅了され、高2の年明け（3学期）からハーバード大を目指すことに決めたのです。

とはいえ、どうやってハーバード大を受験したらよいかさえわかりません。私も娘も手探り状態だったのです。しかし、インターネットがすべてを解決してくれました。受験方法は娘がハーバード大のウェブページで自ら調べ、受験に必要な教材はすべてアマゾンで購入できました。

私も驚いたのですが、ハーバード大はわざわざ渡米しなくても、日本にいながら受験できます。筆記試験は最寄りの福岡で、面接試験は自宅でネットのテレビ電話「スカイプ」を使いました。受験費用は9750円と、日本国内の大学を受験するより、かなり安上がりです。

結果として2012年、娘はハーバード大に現役合格し、2016年5月に卒業。同年ニューヨークのジュリアード音楽院の大学院に合格し、2年間で修士号を取得しました。

娘はどんなジャンルやスタイルでもオープンにやってみようとするアメリカの音楽教育が大好きになり、アメリカでさらに学んでみたいと思ってジュリアード音楽院に進むことにしました。その後はニューヨークで起業し、アメリカでいきいきと仕事をしていました。

地方の県立高校から海外のトップ大学に合格するのは、生まれつき優秀な学力を備えた、特別な子の事例のように思われるかもしれません。しかし、親が学校や塾に勉強を丸投げしないように意識をあらためることからはじめれば、決して難しいことではないと私は思っています。

ちなみに娘のハーバード受験では、頼んでもいないのに東京の海外受験塾が娘の通っていた高校にサポートと称してやってきましたが、丁重にお断りしました。

それなのに合格後、娘がハーバード大に提出したエッセイは、その塾がすべて代筆したという真っ赤なウソがネット上に流れて愕然とさせられました。

そもそも塾にエッセイを代筆してもらうという他人任せからは何も生まれませんし、仮に塾が代筆して生徒が不合格になったら責任問題になるでしょう。

いずれにしても自分で責任のとれる人間になるように、幼い頃から家庭学習を大切にすべきだと、私はあらためて実感させられました。

子どもの未来をつくる手伝いをはじめよう

本書では、私が娘を育てた経験をベースに、費用対効果の高い実践的な家庭学習のメソッドを紹介していきますが、その前に家庭学習を授ける親に欠かせない大前提を押さえておきましょう。

それは、**常に「親と子どもは別人格」と意識しておくこと。**

親だからといってわが子を自分の所有物のような感覚に陥ることなく、あくまで一個人として接する。これが家庭学習の大前提となります。

仮にわが子が勉強や習い事で成果を上げたとしても、それは親でなく子どもが成し遂げたこと。当たり前のように思うかもしれませんが、親の成果のように錯覚してしまうケースがとても多いのです。

自分とわが子を同一視してしまうと、家庭学習の土台が揺らいでしまいます。世間一般に対してだけではなく、わが子に対しても、いつも謙虚でいる心を持ち続けることが大切です。

序章の最後に、私が好きな言葉を2つ掲げます。

1つは、コンピュータ・サイエンティストのアラン・ケイの言葉。

The best way to predict the future is to invent it.
(未来を予測する最善の方法は、未来を発明することである)

もう1つは、SF作家ウィリアム・ギブソンの言葉。

The future is already here. It's just not evenly distributed.
(未来はすでに到来している。まだ均等に広がっていないだけだ)

いま流行《はや》っていることは、すでに時代遅れ。常に時代の先を読みながら子育てをしましょう。私にとっての子育ては「娘が明るく楽しい未来を実現してくれるためのお手伝い」でした。子育ては親が自分の子ども時代を追体験することでもありますから、ぜひ楽しみながら私のメソッドを実践していただきたいと思います。

第1章

6歳までの育て方が子どもの学力を伸ばす

妊娠中に育児本を200冊読破

わが子をどう育てるか？

このことを考えるため、私は娘を妊娠中に育児本を２００冊ほど読みました。

そして、まず思ったことは「義務教育ではないのだから幼稚園に通わせなくてもよいのではないか？」と〝常識を疑う〟ことだったのです。

きっかけになったのは、目の前にいる子どもという存在そのものにじっくり目を向けたことです。エネルギーに満ち溢れたわが子を見ていると、自分が受けてきた、「皆が同じことを同じ学齢で行う」ことを良しとする「型」にはめるマス教育制度に突入する前に、家庭で（まさに少人数体制で）自立を促し、子どもの才能を開花させる方法があるのではないかと強く思いました。

家庭教育にはこんな例もあります。史上最年少の20歳で米マサチューセッツ工科大学（ＭＩＴ）の准教授になったエリック・ディメインさんです。彼は幼稚園から小中高と学校にまったく通わず、好きと得意を伸ばす家庭学習だけで世界のランキング常連上位校ＭＩＴの先生（学生ではなく！）になったのです。

家庭学習を施したのはお父さんのマーティンさんでした。離婚して引きとった息子のエリックさんが7歳から12歳まではアメリカ各地を旅しながら教え、12歳でカナダの大学に入学、20歳で博士号を得て教授になったのです。

アーティストのお父さんは高卒で、エリックさんが12歳で大学に入ると自らも受講生として一緒に学び、のちにお父さん自身も先生としてＭＩＴに迎えられました。

そのお父さんの教え方が、とても素敵なんです！

親子で折り紙を折りながら数学を教えたり、外を散歩しながら植物を観察して生物学を教えたり。その教え方に私は魅了されました。

「日常の暮らしを楽しみながら親子で勉強できたら楽しめそうだ」と思ったことが、家庭学習で娘を育ててみようと考えたきっかけになったのです。

親が積極的に子どもの勉強にコミット

学校にまったく通わず、家庭学習だけで育てる方法を「ホームスクーリング」と言います。学校に頼らない「オルタナティブ教育」の一種であり、独立志向が強いアメリカでは盛んです。

オルタナティブとは「既存のものにとって代わる新しいこと」を意味します。

残念ながら、日本の法律では義務教育を家庭で授けることは認められていません。もし法律で認められていたら、私もオルタナティブ教育を娘に授けていたかもしれませんが、その代替案として**「義務教育は学校に外注、それ以外は家庭学習」という方針を打ち立てました。**

常識的には幼稚園や保育園から小中高と学校に通い、塾にも通って、なるべく偏差値の高い有名な大学や医学部に入るのが理想かもしれません。

その常識から外れて独自路線を歩むことは、勇気がいると思われるかもしれません。しかし、家庭学習を重視したほうが学校や塾に丸投げする（私は「外注」と呼んでいます）より、子どもの将来に役立つと思うのです。

なぜなら、特に幼少期から親が子どもの学習に積極的にコミットしないと、子どもの個性や特性に関係なく、型にはまった人間に育ってしまいがちだからです。

私は地元大分で英語教室の教師をして多くの親子に接してきましたが、その体験からも家庭学習を重視することがごく自然に正しいと思えます。

子どもがまだ幼いうちに親が一緒になって本を読んだり、語彙《ごい》を増やしたりすることで、学力向上が早まるケースを数多く見てきたのです。

逆に「わが家は放任主義です」とばかりに幼少期に手をかけず、義務教育がはじまってからテストの点数などに親が口うるさくなる場合、いつまでも手がかかる子どもになってしまうケースが少なくありません。

6歳までの親子の時間は一生の財産

幼少期は、あっという間に過ぎ去ります。その間、私は最大限の関心と愛情を娘に注ぎました。

特に小学校に入る前の6歳までは、人格形成上とても重要な時期です。この時期に過ごした親子の時間は、一生の財産にも負債にもなります。

小学校に入る前は、家庭学習をスケジューリングしやすいという利点があります。

幼稚園や保育園に預けたとしても、朝と夕方、子どもが寝るまでの夜の時間は自由に使えます。

わが家の場合、前述のように年長の1年間だけ娘を幼稚園に通わせました。5歳までは、私も娘も楽しい家庭学習の日々を送っていたのですが、私の友人が「1年間くらい幼稚園に通わせないと社会性が育たないかもしれないし、小学校に入ったときに友達がいないと大変だよ」とアドバイスしてくれたのです。

当初は幼稚園に通わせるつもりはなかったのですが、その友人のアドバイスを聞いて「それもそうだな」と思い直しました。

習い事のバイオリンやバレエを通して同年代の友達はいましたが、確かに幼稚園の友達がいないと小学校で困るかもしれないと考えて、年長の1年間だけ幼稚園に通わせたのです。

親が得意なことを子どもに教える

家庭学習では、親が得意なことを子どもに伝授するのが基本です。

娘が6歳になるまで私が教えたのは、日本語（漢字）、英語、算数、音楽、体力づくり。とりわけ熱心に教えたのは、私自身が好きな英語と音楽です。娘は英語とバイオリンを2歳からはじめました。

語学好きの私は英語とフランス語が得意で、大学卒業後、大分県の高校英語教員試験に合格しましたが、高校教師にはなりませんでした。好きな英語を自由に教えられなくなると思ってのことです。

そこで、フリーランスで翻訳を手がけたり、語学学校の教師として働いたりして、その後、英語教室を立ち上げました。

音楽に関してはクラシック音楽を中心に、とにかく聴くことが好き。特別上手なわけではありませんが、ある程度はピアノを弾けます。

娘にピアノでなくバイオリンを習わせたのは、ピアノは2歳ではじめるにはサイズが大き過ぎるから。バイオリンは16分の1のサイズから成長に応じて段階的にステップアップできます。

私自身はバイオリンを弾けませんし教えられないので、先生を選びに選んでお願いしました。もっとも、絶対音感は幼い頃でないと身につかないものですから、私がピアノで音遊びをしながら家庭学習で身につけさせました。また、音符カードを手づくりして、４歳で譜面を完璧に読めるようになるまでは家庭学習で私が教えたのです。

不得意なことは一緒に学べばいい

「強制せず、子どもの自発性を尊重して、やりたいと思ったことをやらせるほうがよい」という風潮もありますが、現実には難しい面があります。

右も左もわからない幼い子が突然、「ママ、英語が話せるようになりたい」とか「バイオリンを弾きたい」と言い出すでしょうか？　そこは親が導いてあげるべきです。

仮に「ママ、英語やりたい」と言われたのに、親は英語が不得意だったとします。そんなときは前述のディメインさんのお父さんと同じように、**親も子どもの頃を追体験するつもりで一緒に学べばよいのです。**

いまは英語を読み上げてくれるアプリも手軽に入手できる時代ですから、親子で十分に楽しめます。

私の英語教室でも「恥ずかしながら私は英検４級（中２終了程度）です」とおっしゃる親御さんが親子で一緒に学んで、結果的にお子さんが英検１級に合格した例もあ

ります。

まずは先入観を捨ててわが子と一緒に学び直すつもりで、自らの不得意を得意にする絶好のチャンスにしましょう。わが子の隣に寄り添って励ましたり褒めたりするだけでも、かなりの学習効果が期待できます。

不得手なことでも、最低限、寄り添って見守ることが大切です。

英語は〝音真似〟から

娘が2歳になるまで、私は積極的に読み聞かせをしました。**読み聞かせを通じた親子のコミュニケーションは、それ自体とても楽しめることですし、娘の想像力が育まれたと思います。**

読み聞かせに向いていて幼い子でも読める本としておすすめなのは、日本語ではわかやまけん著「こぐまちゃんえほんシリーズ」や、馬場のぼる著「11ぴきのねこ」シリーズ、英語ではレオ・レオーニやマーク・ブラウンの著作です。

英語は、絵本や英検の市販の教材を親子で読むことからスタート。はじめのうちは読めない単語ばかりですが、隣に座って読み聞かせてあげると〝音真似〟をしながら少しずつ読めるようになります。

英語の音読に自信のない親御さんであれば、音声データ付きの教材を使うといいです。テキストを読み上げてくれる無料の音読アプリもたくさんありますから活用してみましょう。

このやり方で娘は4歳で英検3級（中学卒業程度）に合格しました。

何か特別な才能を持った天才児の事例のように思われるかもしれませんが、そんなことはありません。やり方さえ間違わなければ、短期間で英語が身につくことは不思議なことでも何でもないのです。その方法については後述します。

私たちは母国語である日本語を、両親の音真似をするうちにいつの間にか身につけています。それと同じことを英語でやればいいだけです。

その際、決して読んだ英語を日本語に逐語訳《ちくごやく》しないでください。英語をいちいち日本語に訳して教えたりすると、教える親も教わる子も混乱してしまうだけだからです。マイナス効果となり、英語が上達しません。

簡単なオリジナル教材をつくってみる

2歳からは娘1人でも読めるようにと、漢字と英語の読み方を教えました。漢字を読めるようにするため、私はオリジナルの教材を手づくりしました。

オリジナルの手づくり教材といっても、娘が好きそうな絵本を買ってきて、ひらがなの部分を漢字に替えて上から貼りつけただけ。こうすると子どもは、絵本を楽しみながら自然に漢字が読めるようになります。

手づくりしなくても、数多く市販されている幼児向けの漢字カードを使ってもよいと思います。

「漢字は難しいから幼い子どもには無理」と思わないでください。むしろ漢字は子どもが楽しく覚えやすい文字なのです。

漢字は「表意文字」といって、意味を形に置き換えた文字であり、それぞれ固有の形があるので、文字を見れば伝えたいことが理解できるのです。

少しずつ読める漢字が増えてくると、やがて新聞も読めるようになり、子どもには少し難しい本でも読めるようになります。そうなると触れる情報量が格段に増えますから、相乗効果で学習力がみるみる高まっていきます。

母国語（第一言語）で語彙が豊富な子どもは、外国語（第二言語）でも語彙が豊富になり、母国語に引っ張られる形で外国語も得意になるという傾向があります。

読める漢字が増えて語彙が広がってくると、幼少期の英語学習にも好影響が出てきます。

「書く」より「読む」を重視

6歳までは「書く」ことより「読む」ことを重視したほうがよいと思います。そもそも幼児は筆圧が弱いため、うまく書くことができません。

ジュニア向けの英語教室では、アルファベットや簡単な英単語を書かせることから学習をはじめるところもあるようですが、書くことにこだわるのは非効率的です。うまくできないと失敗体験として心に刻まれてしまい、学習のモチベーションが下がる恐れもあります。

私の子育ての基本の1つに「大きくなったら誰でもできるようになることを焦って早くからさせない」ということがあります。

書くことは筆圧が上がるにつれて上達しますし、小学生になったら嫌でもアルファベットや英単語を書かされますから、焦らなくてもいいです。

それと対照的に、子どもは読むことが得意。**読むたびに「よく読めたね！」と褒めてあげると、それが成功体験となって難しいものほど張り切って読もうとします。**

その後、筆圧が上がって文字が書けるようになってきたところで、私は計算も教えました。使ったのは市販されている小学生向けの計算ドリルです。

これは漢字でも英語でも同じですが、計算についても「まだ幼いから無理だろう」と親が勝手に判断しないことが大切。一般常識はいったん脇に置き、親の思い込みで子どもの可能性の芽を摘むようなことをしないで、能力を伸ばしてあげるべきです。

また、最初のページから難易度に沿って進めようとすると、時間がかかってムダが多いです。そこは親の独断でよいのでポイントを絞って要点だけを教えると、小学校に上がる前に計算がひと通りこなせるようになり、子どもの自信にもつながります。

四季の移ろいや伝統行事も大切な勉強

わが家では、娘が幼かった頃から意図的に四季の移ろいや伝統行事に親しむようにしてきました。といっても、何か特別なことをしたわけではありません。週に1回くらい花屋さんに寄ってリビングに飾る花を買ったり、お雛さま、お月見、お正月などをごく普通に家族で楽しんだりしただけです。

そうすると四季の移ろいを五感で感じられますし、お雛さまと桜餅、お月見とお団子、お正月とおせち料理のように、旬に根ざした食生活の知恵も体感できます。**子どもたちは季節や旬の変化に敏感ですから、大人が思っている以上にさまざまなことを吸収します。**

これから国際化がいっそう進むと、自国の伝統や文化をアイデンティティとして重んじる姿勢が求められてきます。また、そうすることで他国の伝統や文化を尊重する気持ちが生まれてきます。

英語が話せるようになったとしても、他国の人に「日本ってどんな国?」「お雛さまにはどんな意味があるの？」などと尋ねられて答えられないようでは本末転倒です。日本の四季や伝統行事を家族で楽しむことも、わが子の将来を明るくする大切な勉強になるのです。

習い事は遊び感覚ではなく真剣に

「子どもの習い事はお遊びの延長」という感覚の親御さんは少なくないかもしれません。私自身は、習い事は本気で真剣にやるべきだと思っています。

遊び感覚でやっていたら遊び以下になってしまい、何も得ることがなくて時間を浪費するだけ。習い事は真剣にやって、ようやく遊びとして成立すると思うのです。

娘はバイオリンとともに、3歳からクラシック・バレエも習っていました。しかし、クラシック・バレエは6歳でやめました。〝見た目勝負〟の要素が大きく、テクニックや努力以前に体型がモノを言うからです。

私はやるからには本気でプロを目指すくらいの気持ちでしたから、娘が将来バレリーナになることを視野に入れて調べてみました。すると、標準となる「パリ・オペラ座」の入団条件（身長と体重）を、日本人として将来どうやらクリアできそうにないことがわかりました。

さらに、本気でバレエをやるには自宅に思い切りジャンプできる広い練習室と、全身が映る大きな鏡やレッスン・バーがないと厳しいと判断。思い切ってバレエをやめて、バイオリンに集中することにしたのです。そのおかげもあって、娘は音楽のトップスクールであるジュリアード音楽院に合格しました。限られた時間を有効活用するには、ビジネスと同じように「選択と集中」が大切です。

親子の散歩で体力づくり

小学受験を狙って、幼いうちから体操教室に通わせる親御さんがいます。私は娘の小学受験をまったく考えていませんでしたが、体力づくりを目的に娘を3カ月くらい体操教室に通わせたことがあります。

しかし、娘が嫌そうだったのと、私も好きになれなかったことから、やめてしまいました。その代わり、親子でウォーキング（散歩）をはじめたのです。

大分のような地方都市では珍しく自動車免許を持っていない私は、普段からよく歩くのですが、娘が幼い頃は毎日のように2人で散歩しました。

子どもなら散歩でも十分体力づくりになりますし、歩きながら道ばたの草花を愛《め》でると、季節の移ろいを味わうこともできます。

娘は3歳から6歳までバレエに週2、3回通って定期的に体を動かしていたため、筋肉が発達しました。これに日々の散歩が加わって、基礎体力が培《つちか》われました。

私はこれまで多くの子どもたちと接してきて、勉強でも習い事でも、できる子は筋肉がしっかりしているという印象があります。体つきもそうですが、顔を含めて全体的に引き締まっている印象が強いのです。

脳と筋肉はつながっていますから、子どもの頃からちゃんと筋肉を動かしていると、脳によい影響があるのだと思います。

野球やサッカーなどスポーツ好きなら地域のクラブに入るのもよいと思います。スポーツ推薦枠のある大学もありますから、真剣にとり組んでいれば、思わぬ未来が開けるかもしれません。

❖幼少期に習い事をする３つのメリット

大人と接する機会が生まれる

学校、塾、そして親による家庭学習の枠組みを飛び出すのが習い事ですから、それ以外の人と接する機会が生まれます。子どもにとっては新鮮な刺激になりますし、折に触れて習い事の先生にお礼状を書く、丁寧な挨拶を欠かさない、といった躾《しつけ》にもつながります。

達成感が得られる

昨日できなかったことが、今日できるようになる。きちんととり組んでいれば、必ず何らかの進歩があり、それが達成感につながります。習い事で達成感を味わうと、学習を前向きにとり組むきっかけにもなります。どんな小さなオーディションやコンクールでもいいので、何かの〝賞〟をゲットすれば、貴重な成功体験になることでしょう。

履歴書が華やかになる

習い事で音楽をやっている子が、全員音楽家になるわけではありません。かといって、脇目も振らずに勉強をひたすら続けて高得点をとれるようになっても、それだけでは評価されません。複数のタスクをマルチにこなせる柔軟性を秘めているのが子どもです。これからは教育も社会も多様性を重んじるようになりますから、勉強に加えて習い事に打ち込む経験は履歴書をカラフルに彩り、必ずやプラスの評価を生みます。

第2章

子どもが自分で
勉強するようになる

小さな成功体験を積み重ねる

前章で6歳までの家庭学習のポイントを知ったところで、本章ではそのときに気をつけるべき点について見ていくことにしましょう。

大切なのは子どもを褒めてやる気と自信を伸ばすこと。親から褒められるという小さな成功体験の積み重ねが、子どものやる気を高めて自信を深めます。

子どもは親が大好き。どんなに小さなことでも親から褒められると子どもは喜び、驚くほど伸びていきます。子どもにとっては、親に褒められることが〝やる気のスイッチ〟なのです。

褒めるのは日常生活のあらゆることが対象になります。

読み、書き、計算といった家庭学習だけでなく、ちょっとしたお片づけができたときにも褒めてあげましょう。「ちゃんと片づけなさい！」と叱るより、ちょっとしたモノを片づけたときに「上手に片づけたね！」と褒めてあげるのです。

そんな小さな成功体験の積み重ねが発展して、片づけ好き、片づけ上手になっていきます。小さな成功体験の積み重ねは「自分ならできるし、これからもできる」という自己効力感《セルフ・エフィカシー》を生みます。そして、成功体験は多ければ多いほど自己効力感につながるのです。

勉強なら目標が半分達成できたら大成功。達成率40％でも「すごいね！」と褒めちぎってあげましょう。

例えば、ある日の英語学習の目標が「英単語を10個覚える」だったとします。それなのに4個しか覚えられなかったとしても「4個覚えられたんだ、やったね！」と褒めてあげると、子どもにとっては成功体験として刻まれます。

それをひたすら続けていると、覚える英単語が4個から5個、5個から6個、7個になり、いずれ10個覚えられるようになります。

子どもの学力を伸ばすために、親はとことん褒め上手になるべきです。

子どもが飽きる1分前に切り上げる

読み、書き、計算、いずれも子どもの様子を見ながら〝飽きる1分前〟を目安に切り上げるのがポイントです。

「読み書き30分、計算ドリル30分」などと親が時間配分しても、子どもは飽きっぽいので集中力が長続きしません。飽きているのに「まだ15分残っているからやりなさい」などと続けさせようとすると、子どもはやる気を失い、勉強嫌いの感情を募らせてしまいます。

そもそも「飽きる」というのは脳疲労のサインです。脳が疲れて意欲のない状態では成果は上がりませんし、それが失敗体験になっては元も子もありません。

子どもに寄り添って反応を見ていると「そろそろ飽きそうだな」「いまが集中力のピーク、これを超えると下り坂だな」というサインが、言動や行動に表れます。

そのサインをキャッチしたら、そこで勉強はストップ。これが飽きる1分前というわけです。別の科目にとり組むか、思い切って勉強を切り上げて外で遊んだり、オヤツの時間にしたりして気分転換をしましょう。

NHKの朝の「連続テレビ小説」のドラマを思い浮かべてください。マンネリに陥りがちな連続ドラマが長年続いているのは、視聴者が飽きる寸前に「続きはまた明日！」と上手に切り上げているからです。

同じように、子どもが飽きる直前に「続きはまた明日！」と切り上げれば、子どもは興味を失うことなく前向きにとり組むようになります。

学校や塾では、子どもが飽きていても全体のカリキュラムで決まった時間、決まったスケジュールを消化しようとしますが、それでは非効率。子どもに寄り添い、反応を見ながら臨機応変に対応できるからこそ、家庭学習は身につきやすいのです。

親が楽しみながら手本を示す

Actions speak louder than words.
（言葉よりも行動で示す）

これは私が家庭学習で大切にしてきたことです。

「やってみせ、言って聞かせて、させてみせ、ほめてやらねば、人は動かじ」という旧日本海軍連合艦隊司令長官、山本五十六の名言にも通じます。

「親の背中を見て子どもは育つ」と言いますが、両親がいつもダラダラとテレビばかり見ていたら、子どもは自分だけ勉強しようという気にならないのは当然でしょう。「勉強しなさい」と子どもに言っても、親がソファでポテトチップスを食べながらお笑い番組を見ていたのでは説得力がないのです。

私は娘に「勉強しなさい」と言ったことは一度もありません。**幼い頃から娘は、私が英語の本を読んでいると、いつの間にか近くに寄ってきて横に座っていました。そして私が楽しそうに英語の本を読んでいる姿を見て、娘も同じように自分の本を開いて読むようになったのです。**

やはり親が自ら行動で示すことが大切だと思います。子どもが家庭学習にとり組みやすい雰囲気づくりは、親の役割です。

絵画、スポーツ、料理、家事、パソコン、ゲーム、食べ歩き、アウトドアなど何でもかまいません。親が熱心にとり組む姿を見せると、子どもは親の背中から学び、誰から強制されるでもなく、自主的に勉強や習い事にとり組むようになっていきます。

一個人として節度を持って接する

前述したように家庭学習では「親と子どもは別人格」という心がまえで臨むことが大切です。いくら幼くても、わが子を１人の自立した個人として尊重するのです。

私は娘が生まれたときから、一個人として節度を持って接してきました。子どもだからといって見下したり、多少の甘えは許されるだろうと思ったり、ましてや自分の所有物であるかのように扱ったりしたことは一度もありません。

子どもに寄り添って家庭学習をしていると、ベタベタの親子関係になりそうですが、一個人として節度を持って接していると、子どももそのように親を捉えるようになります。

親子といっても、たまたま何かの縁でそうなっただけ。同じ家に住んでいるからといって、子どもにいちいち干渉する権利はない。そんなふうに考えていました。

私は娘が幼い頃から、家庭内であっても、みっともない姿を見せないように気をつけていました。さすがに自宅ではノーメイクでしたが、最低限の身だしなみを整えて、寝間着代わりにスウェットの上下を着てゴロゴロするようなことはありませんでした。

赤の他人に見られて恥ずかしい姿はわが子にも見せない。そう心がけてきたのです。

子どもの反抗期は、家庭内の価値観と学校など家庭外の価値観との違いに対する葛藤から生じるといわれますが、わが家にはそうしたダブルスタンダードがなかったため か、**娘には反抗期がありませんでした。**

子どもは「未来から来た人」と思えば腹も立たない

褒めることがやる気を引き出す魔法なら、カッとなって理由も聞かずに頭ごなしに叱るのは、子どものやる気を萎《しぼ》ませてしまう最悪の行為です。

私は娘を叱ったことがありません。なぜなら娘を「未来から来た人」だと捉えていたからです。

娘は「未来人」ですから、親が知っている〝この世界〟に馴染んでおらず、知らないことがたくさんあって当然だということになります。

幼い頃は「あちゃー」と目を覆いたくなるようなことをたくさんしでかしますが、「旧人類である私の物差しで、未来人である娘の振る舞いを測ってはいけない」と思えば腹も立たないのです。

未来人が何かを「した」、あるいは「しなかった」とき、なぜそう「した」、あるい

は「しなかった」のか、理由を冷静に尋ねてください。

ふてくされていたり、やる気が下がったりしていたら、親のほうに原因があると思うようにしましょう。褒め方が足りなくてやる気が下がっている可能性もあります。

もっとわが子に寄り添い、少しでもよいところを見つけて、褒めちぎってあげるとよいです。

❖子どもとの違いを認識しよう

６歳までの家庭学習では、人生経験を積んだ親と、未経験の子どもとの違いをしっかりと認識しておくことが大切です。

特に留意したいのは、次の３つです。

言葉に細心の注意を払う

子どもはストレス耐性が低いので、ちょっとした言葉にも敏感に反応して傷つきやすい半面、大人を信じやすい傾向があります。親が口に出した言葉はとり消せません。状況をよく把握しないで安易に言葉を発して人格否定になったり、好奇心を潰《つぶ》したりしないように注意しましょう。

無条件の愛情で120%の安心感を与える

親はわが子に無条件に愛情を注いで、絶対的な安心感を与えましょう。それが自信や自立につながります。親の愛情には形はありませんが、あえて整理すると次の２つがあります。

１：アンコンディショナル・ラブ
（どんなときも何があってもあなたの味方です）

２：フル・アテンション
（あなたをいつも見守っているから安心してください）

この２つは常に言葉に出して子どもに伝えるだけではなく、幼い頃から褒めちぎって、スキンシップも欠かさないようにしましょう。

子どもの前では弱音を吐かず、努めて明るく過ごす

親や家庭の雰囲気は子どもに伝染します。陰気な家庭では暗い子どもが育ち、陽気な家庭では明るい子どもが育ちます。親の些細な言動にも敏感ですから、「習い事にお金がかかって大変」などと夫婦で話していると子どもは察知します。どんな問題や悩みに直面しても、明るさだけは失わないようにしましょう。家庭の雰囲気が暗くなると、子どもの学びへの意欲が低下します。私の経験でも、とりあえず明るくしていれば、多くの問題は時間が解決してくれます。

第3章

小学生からの
頭がいい子の生活習慣

「ToDoリスト」を活用する

本章では私自身の子育て体験に加えて、英語教室で約2500人の生徒に接してきた経験、それにハーバード生約300人の聞きとり調査をベースに、小中学生がどのように家庭学習をすべきかを紹介します。

小学生になったらぜひ活用してもらいたいのは、こなすべきタスクを簡潔にまとめた「ToDoリスト」(やることメモ)です。

6歳までは親が子どもの代わりにやるべきことに優先順位をつけたり、スケジューリングしたりしますが、小学生になったらToDoリストを使って子どもが自分でやるべきことをマネジメントするように導きましょう。

ToDoリストを使えば、やるべきことが順序立てられて〝見える化〟します。すると「あれも終わってない」「これもまだ……」と混乱することがなくなります。

小学生になると学校の用事が加わり、子どものやるべきことが増えます。だからといって「宿題は済ませた?」「明日の準備は?」と親が手とり足とり面倒をみていたのでは、いつまでたっても子どもが自立しません。

ToDoリストというと、社会人が使うものというイメージがありますが、アメリカでは児童書にもToDoリストが出てきます。

私の手元にある1冊は、かわいらしい絵が子どもの興味を引きますが、その中身は「ToDoリストのガイダンスそのもの。カエルなどの動物が「ブレックファスト（朝食）、ダン！（終わった）ランチ（昼食）、ダン！」などとチェックしている様子が描かれています。

お話自体は、ToDoリストに振り回されている人間の様子を皮肉ったところもありますが、それだけ自己管理ツールとして幼い子どもたちに浸透している証拠です。

実際、アメリカの文具店には、かわいい動物の絵がついた児童向けのToDoリストがたくさん販売されているのです。

「ToDoリスト」をゲーム感覚で楽しむ

私は母子健康手帳の延長で、娘の家庭学習のやるべきことをToDoリストで優先順位をつけるようにしていました。その姿を見ていた娘が、いつの間にか自分で楽しみながらToDoリストを使うようになったのです。

「子どもがToDoリストでスケジューリングする」という発想は常識的ではありません。親や学校の先生が子どものスケジュールを管理するのが常識的なようです。

一方で、その常識が悪弊《あくへい》を生んでいることも事実です。多くの子どもが大人の指示を黙って聞いていればよいという〝指示待ち〟の発想に陥りがちなのです。

そうならないためにも、小学生になったらToDoリストを活用し、子どもが自分のやるべきことを主体的に組み立てていくように親が導くとよいです。

そもそも「大人にやらされている」のではなく「自分でやっている」ほうが子どものやる気が出ますし、やっていて楽しいものです。

実際にToDoリストを使ってみるとわかりますが、終わったタスクにチェックを入れて消していけるので、ゲーム感覚と達成感が相まって小学生でも楽しめます。

また、ToDoリスト専用の手帳を買わなくても、その日のやるべきことに優先順位をつけて紙に書いておけば、それがToDoリストになります。

娘の場合、小学生になる頃には日英2カ国語で日記を書くようになっていましたから、その日記にToDoリストを書いていたようです。

というのも、私は親子であってもプライバシーを重視するため、娘の日記もToDoリストも中身を見たことはないのです。

ムダな時間を削って脳をリフレッシュ

やるべきことをToDoリストで〝見える化〟すると、勉強が重複していることに気づかされます。

小学校、中学校、高校と進むにつれて、勉強の重複はさらに顕著になります。塾が加わると、なおさらでしょう。例えば、学校の授業で二次関数を習い、塾でも二次関数を習い、宿題でも二次関数を解くといった具合です。

応用問題が少し難しくなっていたり参考書が違っていたりする程度なのに、同じことを何度も反復させられていることに気づくのです。

こうしたことをToDoリストで〝見える化〟すると、学校と塾と宿題のどこで二次関数の重複を解消すべきかが見えてきます。その重複を解消すると、子どもの脳を休められる時間が生まれます。

運動などで疲労した筋肉をマッサージやストレッチでケアするように、疲労した脳はムダを削って生んだ時間でリフレッシュするという意識を持つとよいです。

そもそも現代人は、江戸時代の頃の日本人の一生分の情報量に、たった1日で触れていると言われます。そんな大人でも疲れる環境のなか、子どもたちの脳は疲れています。

脳科学や心理学の研究では、脳が発揮する意志力や集中力などのメンタル・エナジー（精神的なエネルギー）には限りがあり、無益なことに浪費すると肝心なことを考えたり判断したりするエネルギーが枯渇《こかつ》することがわかってきました。

アップル創業者の1人・故スティーブ・ジョブズ氏やフェイスブック創業者のマーク・ザッカーバーグ氏は、意図的に毎日同じような服を着ています（いました）が、それは優先順位の高いビジネスに直結しないことにメンタル・エナジーを浪費しないためだといわれます。

ToDoリストで優先順位の高いことから片づけていくようにすると、ムダな作業にメンタル・エナジーを使わなくて済むようになります。すると、集中すべき勉強や習い事に効率的にとり組めるようになるのです。

アメリカの投資家マイケル・バーリ氏は、「時間は収縮自在の連続体であり、自分の意志で長くも短くもできる」と言っています。

例えば、同じ5分間でも「5分もある」と考えてToDoリストをつくるとたくさんのタスクをこなせますが、「たった5分しかない」と考えるとたくさんのタスクをこなすことはできません。

バーリ氏自身は、普通の人が1日かけてやるより多くのタスクを、もう朝にはやり終えているそうです。

学校の勉強は平日だけ、週末は課外活動

娘は学校の勉強は平日に済ませて、休日は学校の勉強以外のことにとり組んでいました。

中1のとき、ギターを弾く同年代の男の子と企画を練って、2人でリサイタルを開いたこともあります。

2人は保養地として知られる大分・由布院の美術館で、イタリアの作曲家ニコロ・パガニーニを中心とするリサイタルを成功させました。また、地元の幼稚園や中学校を訪ねてミニ演奏会を開いたこともあります。

地元のみなさんの力添えで成立するこうした演奏会のたびに、協力してくださる方々に感謝する気持ちが自然と芽生えて、人の支えがあってこそ自分がいることに気づきます。

このように週末や長期の休みでの活動は、学校に何年通っても決して学べない貴重な経験になります。

音楽やスポーツに限らず、地元のボランティア活動を手伝ったりするなど、勉強以外で自分が興味を抱いたことに気軽にとり組めばよいのです。

小中学生のうちに子どもの興味の範囲を広げていろいろな体験をさせ、そこで少しでも興味を持った分野を深掘りできるように、親がサポートしてあげるという考え方を備えておくとよいでしょう。

娘は小6と中3のときに福岡で開かれたバイオリン・コンクールで1位になり、東京で開かれた全国大会では「聴衆賞」をいただきました。

ゆくゆくはアメリカの大学入試における面接やエッセイ（小論文）のように、ペーパーテストだけでは測れない創造性や人間力を見極めようとする大学が日本でも増えてくるはずです。

模試の成績や偏差値といった勉強とはまったく関わりのないフィールドで、自分はこういう人間であると示せるものが必要になってくるのです。

小学校の修学旅行をパスして歌舞伎鑑賞へ

突然ですが、2004年のこと。故・中村勘三郎さんの『棒しばり』という演目を観るため、私は小5の娘を連れて東京・銀座の歌舞伎座に出かけました。

これをきっかけに娘が歌舞伎の大ファンになり、いまでも「あのときの勘三郎さんはスゴかった」と思い出しては感慨にふけることがあるほどです。

「子どもに歌舞伎は難しいのではないか？」と思うかもしれません。でも、そんなことはなく、子ども目線で観る歌舞伎は、大人とは一味違う感性に訴える素晴らしい体験になります。

役者さんの発声、独特の音楽、鮮やかな色彩など、どれをとっても日常とかけ離れた貴重な〝アート経験〟になります。

初の歌舞伎体験の翌年、小6となった娘は、小学校の修学旅行をキャンセルして勘三郎さんの襲名披露公演を観に、今度は家族全員で出かけました。ちゃんと先生に許可をもらってのことです。

学校で修学旅行の予定日が発表されたとき、娘は思わず「あっ、その日は勘三郎さんの襲名披露だ。先生、修学旅行には行けないかもしれません」と漏らしたらしく、気にかけてくださった先生からお電話をちょうだいしました。

そのときは「娘と相談させてください」と一度、電話を切りました。襲名披露は生涯にただ一度しかありません。小学校の修学旅行も人生で一度ですが、修学旅行で思い出づくりをしなくても、普段の学校生活でより友情を深めることはできます。

その点、中村勘三郎襲名披露公演は前々から準備して苦労して手に入れたプラチナチケット。娘に「どうする?」と聞いたら、「修学旅行より勘三郎でしょ!」と即答。修学旅行の行き先を確認してみると、何回も行ったことがある山口県の水族館でしたから、先生に事情を話してパスさせてもらったのです。

実は中学校の修学旅行も、娘のバイオリンのコンクールと重なったため、先生に事情を話してキャンセルしました。

たまたま小中学校ともに修学旅行は大事なイベントと重なりキャンセルしましたが、そもそも何が何でも学校の行事を優先させなくてはならないとは思っていません。

私からすると学校は〝外注先〟ですから、発注者である親が責任と節度を持ち、何を優先するかを主体的に判断すべきだと思うのです。

週末はホームパーティで社交性を身につける

私は、娘が幼い頃から休日になるとホームパーティを開いていました。

私自身が友人や知人と楽しくおしゃべりする機会をつくりたかったのですが、娘にはさまざまなバックグラウンドを持つ人たちと触れ合う刺激的な場となりました。

ホームパーティというと、海外の映画やテレビの華やかな一場面を思い浮かべて身がまえてしまうかもしれません。でも、わが家のような地方都市のごく普通の住宅でも、人が集まればそこにささやかな社交の場が生まれます。

娘と一緒におもてなしの料理をつくることもありましたし、参加者のみなさんが料理を持ち寄ることもありました。旬の食材を使った料理、季節の花を生けたテーブルは子どもにとっても心躍るものです。

パーティでは1人ぼっちの人をつくらない。誰かがパーティで浮いて不快な思いをしないように、あらかじめ「本日は○○の集まりなので、△△の服装でお越しください」とドレスコードを知らせておく。そんな心配りも子どものうちから自然と身につきます。

これからどんどん国際化していくと、多様なバックグラウンドを持つ人たちとコミュニケーションをとる必要性が生まれます。

亡くなったダイアナ妃（ウェールズ公妃）は若い頃、家庭教師とともに広々としたお屋敷の庭園を歩きながら、植木1本ごとに立ち止まり、異なるテーマで話す練習をしていたそうです。

将来、公の場で誰とどんな話をしても困らないように訓練していたのです。

その結果、ダイアナ妃はチャールズ皇太子と結婚してプリンセスとなってからも、世界から訪れる来賓たちとスマートに会話を交わす術が身につきましたし、自国のH

ＩＶ感染者やアフリカの地雷被害者といった弱者の心に寄り添って緊密なコミュニケーションを交わす、誰とでも分け隔てなく接する心が養われました。

ちなみにダイアナ妃は大学を出ていません。上流家庭によくあることですが、そのことで彼女の魅力や評価がいささかも損なわれないのは、他ならぬ家庭教育の賜物なのです。

特別な家庭教師がいなくても、子どもの頃からホームパーティなどを通じて場数を踏んでいれば、社交性や社会性は無理なく身につきます。

わが家のホームパーティには、外国人の知り合いも招きました。彼らと英語で会話を交わしているうちに、娘の英語力と国際的な社交力もかなり底上げされたようです。

おもてなしの心は日本のお家芸ですが、せっかくだからと外国人に和食をすすめても、好み以外に宗教や信条、アレルギーなどで食べられるものと食べられないものは人それぞれなのだと気づきます。

だからこそ、事前に調べておく必要があることを幼いときから肌感覚で理解するようになるのです。

外国人を招いてホームパーティ

英会話の力は実際のコミュニケーションのなかで育つものですが、その点からもホームパーティはとても有効です。

娘のハーバード大の入学イベントに出席したときに驚いたのは、学部長の挨拶ですら5分に一度くらいは会場をどっと沸かせるジョークが散りばめられていたことでした。おまけに、壇上の講演者が入れ替わるたびに学生たちがステージに上がり込んで、短いコントを繰り広げるのです。

私たち日本人は公の場で笑いをとることなどなかなかできませんが、これから国際交流が盛んになるとユーモアのセンスは不可欠になります。そうしたセンスを磨く場としてもホームパーティは役立ちます。

「子どものために外国人を招いてホームパーティを開く」というと「私は英語が話せないから無理」と尻込みする親御さんが大半でしょう。でも実際のところ、英語がそんなに得意でなくても大丈夫です。

コミュニケーションは言語以外のノンバーバルが60〜80％を占めているとも言われており、身振り手振りで意思疎通はできるものです。

大分では農家が海外からの訪日客（インバウンド）を受け入れるグリーン・ツーリズムにとり組んでいます。その現場を訪ねたことがあるのですが、農家のお母さんたちは外国人に対して全部日本語で通していました。

「肉、魚、好き嫌いはない？」「お風呂のお湯、熱くない？」と日本語で語りかけるのですが、相手の外国人たちにきちんと通じていたのです。それは英語が話せないとわかると、外国人たちのほうが「何とか理解しよう」とする姿勢を強めてくれるからです。

英語が話せないからと黙りこくるくらいなら、日本語と片言の英語と身振り手振りのほうがその場を楽しめますし、最も大切なコミュニケーションスキル自体が向上します。

そのように英語の必要性を肌で感じてから、徐々に語彙《ごい》を増やして英会話のレベルを上げていけばよいのです。最初は単語を並べるだけでも十分です。

親が読まないような本を子どもに読ませない

「プラス1」という教育用語があります。これは「現状の能力や学力を1ランクだけ伸ばす努力をする」ということを意味します。

子どもは過度に期待されるとストレスを感じて逆効果になりますが、プラス1だと意欲的になって能力や学力が伸びやすいのです。

私の娘が歌舞伎や能が好きになったのも、幼い頃からお雛さまやお月見などで日本の伝統文化に触れる機会を設けてきたという下地があったからでしょう。

振り返ると、これもプラス1の積み重ねによる効果だと思います。

読書は家庭学習の有力な武器になってくれますが、その読書に関してイギリスの哲学者バーナード・ショーは「親が読まないような本を子どもに読ませるな」という言葉を残しています。

親自身が興味のないような本を買ってきて「この本はためになるから読みなさい」と子どもに渡しても、読まないと思ったほうがよいでしょう。

夫婦で読書好きのわが家の本棚には本がたくさん並んでいますが、娘は私たちほど読書家ではありません。

私は、金融市場や日常生活で偶然と運が果たす役割がいかに大きいかを明らかにしたナシーム・ニコラス・タレブの『まぐれ――投資家はなぜ、運を実力と勘違いするのか』という本を読んで、娘に「絶対面白いから」とすすめたことがあったのですが、読んでもいまひとつの印象のようでした。

構造主義人類学者クロード・レヴィ＝ストロースの古典『悲しき熱帯』も「絶対に読んだほうがいい」とすすめたのですが、これも特段の感想はないようでした。

かといって古典が嫌いなわけではなく、最近では古代ローマ時代のマルクス・アウレリウスの『自省録』や、芸術家・岡本太郎の『日本の伝統』を面白がって読んでいました。

前述したように子どもは未来人です。旧人類の親の感覚を押しつけてはダメなのだと反省したのでした。

どんな子でも好・不調の波はあります。子どもが伸び悩むとき、大きく3つのサインを発します。その兆しを知り、対策を立てておくと効果的です。順番に説明しましょう。

子どもの不調を招く3つのサイン——①前もって失敗の言い訳をつくる

最初にとり上げるのは、前もって失敗の言い訳をつくり、その言い訳通りに失敗してしまう「セルフ・ハンディキャップ」というもの。

テスト、スポーツの大会、各種コンクールなどが迫ってくると、子どもは不安と緊張から強いストレスにさらされます。するとストレス耐性が低い子どもは、無意識のうちに失敗する方向へ自らを誘ってしまいます。

「体がダルい（から失敗するかもしれない）」「テスト前に勉強をしないで漫画を読んでしまった（から点数が悪いかもしれない）」といった言い訳で、前もって予防線を張っておくためです。

そして失敗してしまったら、「やっぱり体調が本調子ではなかったから」とか「全然勉強をしなかったから」仕方ないと開き直ります。そこに救いの場を潜在的に求めてしまうのです。

これは子どもなりのストレス逃避法なのでしょうが、このサインを放っておけないのは、子どもの無意識の意図通り、ほぼ確実にテストもコンクールも失敗に終わるからです。

「ほら、言った通りになったでしょ」と子どもは開き直りますが、内心はパニック。失敗体験が続くとモチベーションが下がり、学習にもそれ以外の課外活動にも身が入らなくなります。

このように前もって失敗の言い訳をつくるのは、ひたすら失敗に向かって歩み続ける絶望への努力でしかありません。子どもが前もって言い訳をつくったら、見過ごさないことが肝心です。

こうした絶望的な努力を避けるには、テストやコンクールを控えていても、子どもが平常心で臨めるようにすることがポイントになります。そのために必要なのは、やはり親の〝褒めパワー〟です。

英単語を5つ覚えた、玄関先で靴を揃えた、テーブルの上を上手に片づけた、食事のときの姿勢がよい、難しそうな曲や技に臆せず挑戦した――どんな些細なことでもかまいませんから「すごい!」「よくやったね!」と褒めてあげるのです。

親が自分の行動に注目していると思うだけでも子どもはうれしいもの。褒めてもらうと〝小さな勝ち癖〟が身につき、それが自己効力感（自信）につながって「自分ならできる」という平常心を引き出してくれるのです。

子どもの不調を招く3つのサイン――②課題の先延ばし

2つ目の不調の兆しは課題を先延ばしにする「プロクラスティネーション」。やるべき課題があるにもかかわらず「あとでやろう」とすることです。

これは単にダラダラするのとは違います。ある課題へのとり組みを先延ばしにすると、先延ばしにする課題がいくら増えても怖くなくなるのです。こうして先延ばしが癖になると、「いずれやる」「やればできる」と言い訳ばかりで、いつまでたっても何もやらない子どもになってしまいます。

表向きには「やればできる」と平静を装っていたとしても、先延ばしにした課題が増えてくると、「あれもやっていない」「これもやっていない」という目に見えないストレスが澱《おり》のようにたまってしまいます。

ストレスが強くなると表情も冴えなくなり、「やればできる」から「やらないからできない」に変わっていきます。

そもそも、なぜ先延ばしにしてしまうのでしょうか？

そこには次の3つの心理が隠れています。

1．課題をこなす能力がないと恐れている

2．ストレス耐性が低い

げることが大切です。

3．時間管理能力が低い

これらは子どもが自分で解決できないことが多いので、親が察知して手伝ってあげることが大切です。

課題をこなす能力がないと恐れている場合、とりあえずやってみて課題解決のために必要な能力がどのくらいあるかをチェックしてみます。能力があまりに不足している場合は、身の丈に合った課題からはじめましょう。

ストレス耐性が低い子どもには、これも親の〝褒めパワー〟で自己効力感を高める方法が有効です。

時間管理能力が低い子どもは、ToDoリストを活用することです。すると、だんだん集中力が高まってきて、課題を解決するのに最適な時間帯を見つけ出せるようになってきます。

朝のほうが調子のよい朝型と夜になると元気になる夜型があるように、1日のどの時間帯で心身のコンディションが最大化するかには個人差があります。子どもを観察して絶好調の時間帯を見つけて、そこで集中的に課題解決にとり組むように導くと、先延ばしがだんだん減ってきます。

子どもの不調を招く3つのサイン――③肉体的に具合の悪いところがある

最後にとり上げる不調のサインは、肉体的に具合が悪い箇所がある「ヘルス・コンディション」です。

私の経験からすると、子どもの体調の悪化は首から上に現れることが多いようです。具体的には、歯並びや噛み合わせの悪さ、虫歯、鼻炎、蓄膿症、視力低下、不適切な視力の矯正、聴力低下、聴力過敏などです。

前項で説明した先延ばしの背景には、体調の悪化が隠れていることもあります。

体調の悪化は家庭ではなく学校の授業中に出てくることが多く、親が気づきにくいこともあります。体をいつも揺すっている、表情が暗い、文具ばかりいじっているといった場合には、体調不良を何らかの形で発散している可能性があります。

歯が痛かったり、鼻が詰まったり、視力が低下したりしては、勉強に集中できなくなり、結果が出せないのは仕方ありません。特に国語や英語などの語学は聴力に何らかの異常があると学習が進みにくくなります。

一方、聴覚過敏でも問題になりやすく、クラスメイトの会話や机のカタカタいう音などが不快に感じられてストレスになってしまうこともあります。

体調の悪化は家庭では対処できないので、ためらうことなく病院でそれぞれの専門医に診察してもらい、早めに適切な処置を受けましょう。専門医に治してもらうと、学習力も成績もアップする例があるのです。

また、最初のサインである「前もって失敗の言い訳をつくる」ために不調を装っていると、風邪をひいていないのに実際に熱っぽくなることがあります。子どもをよく観察して、こうした偽りの不調と本物の体調悪化の違いをきちんと見極めるようにすることも大切です。

第4章

模試も宿題も無視！
ひろつる式
〈非常識〉受験メソッド

本章では高校時代にスポットを当て、私ならではの〝ひろつる式〈非常識〉受験メソッド〟を紹介します。

ひろつる式〈非常識〉受験メソッド――模試を受けない

まずは模試についてです。

高3になると大学受験に備えて毎週のように模試があります。ところが私は「模試はムダだから受けなくていい」と娘を説得して極力パスさせていました。

模試が開催されるのは、だいたい土日。勉強は平日に済ませて土日は勉強以外の課外活動をするのがわが家流ですから、貴重な土日を無益な模試で潰《つぶ》すのは最も避けたいことの1つなのです。

模試の成績がポイント制で受験に有利になったり、何らかの賞や資格がもらえたりするわけでもありません。模試はテストを運営する会社が儲けるためにあるとしか私には考えられないのです。

仮に入試本番に備えて試験会場の雰囲気を味わっておきたいというなら、1回体験すれば十分でしょう。

「模試を受けないと自分の実力がわからなくて不安」という意見があるかもしれません。確かに学校では模試の結果を参考に「○○大学はたぶん受かるけれど、××大学はちょっと無理そうだから諦めなさい」というような指導がなされます。

しかし、これが果たして正しい指導なのでしょうか？　私には疑問です。

超進学校の生徒は模試の結果に関係なく東大を受けるでしょうし、帰国子女の多い高校では海外の大学に数多く出願するでしょう。

つまり「全体でどのような位置にいて、あとどのくらい模試の点数がアップすれば志望校に手が届くのか」と毎週のように模試に振り回されて時間とお金をムダに使わされているのは、最も大きな集団である「ごく普通の生徒たち」です。

学力テストは絶対評価ではなく「相対評価」なので、みんなが同じように塾に通ってガリ勉すると、絶対値は上がっても相対値は変わらず、一向に順位が上がらないという現象が起こるわけです。

ごく普通の生徒たちは同じ集団にライバルがひしめいているため、常に不合格の不安にさらされています。その不安を煽《あお》るのが商売とばかりに、ごく普通の生徒たちへ模試がどんどんすすめられています。

模試を毎週受けている生徒は「勉強している」のではなく、模試という商品を次々と購入させられている〝哀れな消費者〟だと気づくべきです。そして、わが子が「ごく普通の生徒」という母集団から一刻も早く抜け出られるように、その競争自体から降りることも選択肢に入れるべきです。

そして強烈な世界観や独特の価値観を持つ子になれるように可能な限り早い段階から背中を押してあげることです。

そうすれば貴重な土日を模試なんかで浪費せず、自ら率先して好きな勉強にとり組むでしょう。

ひろつる式〈非常識〉受験メソッド――学年1番にならない

娘はハーバード大に現役合格しましたが、高校での成績は学年1番だったわけではありません。そもそも最初から1番を目指していなかったのです。

学年1番にこだわると、かなり勉強しないといけません。すべての科目を完璧にこなそうとすると、得意な分野に注ぐ時間が足りなくなります。

人は自分にない特異な才能や奇抜なもの、唯一無二のものに引かれますが、学校の勉強で学年1番になる程度のことは、広い視野からするとたいした評価にはなりません。私はそう思っています。

ハーバード大の入試ガイダンスにも「地域の最もよい学校でトップ3〜5％に入ってください」と書いていただけで「1番になってください」とは書いていませんでした。２０１６年のガイダンスには「地域の最もよい学校で」という文もなくなっています。

最高に成績がよくてもトップになる必要はなく、他のことに時間を使ったほうが将来への投資になると思うのです。特にこれからの時代、そのほうが新しい大学入試システムの面接や小論文で評価されるような「文化資本」（１０６ページ参照）の蓄積や課外活動につながります。

時間を費やしただけの効果が見込める複数の分野に学習時間を振り分けたほうが、将来の進路選択も広がります。

ひろつる式〈非常識〉受験メソッド——塾に通わない

自分で英語教室を運営しているのになんですが、できないところを教えてもらうのが目的なら塾に通うのはムダです。できないところを教えてもらったとしても、そのうちまた次のできない箇所が出てくるからです。

それでは終わりのないモグラ叩きを続けるようなもの。できないところだけをピンポイントで修正するのではなく、学力全体を押し上げて不得意科目を得意科目にするような学習が求められます。

残念ながら大分のような地方にはそういう塾はほとんどありませんから、塾に通うのは意味がないと私は思っていたのです。

そもそも塾とは、勉強ができ過ぎて（落ちこぼれの反対で「吹きこぼれ」と言います）学校では教えてくれない知的好奇心を満足したい子どもが通うものだったのです。

それが現在では授業の補習や受験対策の塾が主流になっています。特に地方の塾で詰め込み式のテスト対策に追われる子どもとその親たちは、これから数年後に大変革する受験と教育のシステムにすでにとり残されていることに気づかない状況となっています。都会と地方の格差を実感させられます。

また、入試変革（84ページ参照）を先どりしてイタチごっこを続けようとしている都会の塾は親切過ぎて、逆に子どもの主体性を奪うことになりかねません。

私が英語教室を開いているのは、学校の英語教育ではいつまでたっても英語が身につかないからです。そこで、英語全体の能力を底上げして〝ものすごい得意科目〟にする独自のメソッドを提供しているわけです。

ひろつる式〈非常識〉受験メソッド――苦手科目は捨てる

小中高で学習する5教科7科目ごときで、これからの世渡りはできません。

得手不得手は誰にでもあるもの。解けなかった問題が1つ解けるようになったとしても全体の学力は向上しませんし、そこにいつまでも固執するくらいなら別の得意科目をつくったほうがよいです。

平均的にまんべんなく全教科ができるよりは、得意分野が2つあるほうがクールです。アメリカ人は苦手科目に固執しないで、さっと諦めて得意科目を伸ばそうと頭を切り替える傾向が強いです。

日本の大学入試センター試験に当たるアメリカの「ＳＡＴ」（大学進学適性試験）は、同じ科目を高校在学中に何度でも受験できます。しかし、3回ほど受けて思ったような得点がとれないとなると、「その科目の数点を上げるために、これ以上の時間と受験料を費やすのは割に合わないから、頭を切り替えて別の才能を伸ばしたほうがよい」となるでしょう。

学校に得意科目が1つもないのなら、思い切って大学進学にこだわらないで好きな職業のプロフェッショナルを志したほうが、よほど幸せになるかもしれません。「自分の子がハーバードに受かったから、高みの見物でそんなことを言えるんでしょ」と反感を抱かれるかもしれません。しかし、海外からの訪日客（インバウンド）がどんどん増えているなか、料理好きなら寿司職人や天ぷら職人を目指して修業をはじめたほうが、長い目で柔軟に考えてみれば、その子の人生にとってプラスになるかもしれないと私は思うのです。

ひろつる式〈非常識〉受験メソッド――宿題の答えは丸写し

高校時代、娘は国立大文系を目指すクラスに入っていました。高3になると先生たちが東大入試向けの問題を添削してくれるクラスです。その添削問題は記述式で宿題として課されますが、とても時間がかかります。

高2の年明け（3学期）からハーバード大を目指した娘は「ＳＡＴ」の勉強もしていたので、夜中2時までかけて両方を終わらせていました。さらにバイオリンのレッスンを受けるため、きちんと練習をして仕上げていかなければなりません。

娘のバイオリンの先生は日本でもトップクラスで、満足に練習をせずにレッスンに出ると、すぐに見抜かれてしまいます。

学校の宿題とＳＡＴの勉強に時間をとられて、一度だけ練習不足でレッスンに臨んだことがありました。すると案の定、練習不足を見抜かれて先生の怒りを買い、1時間のレッスンが20分で打ち切り。その場で自主練習をさせられたこともありました。

それでも高3の夏休み、先生が「そろそろ受験勉強に集中したらいかがですか」とおっしゃるまできっちりとレッスンに通いました。

夜中2時まで学校の宿題やＳＡＴの勉強をこなし、そのうえバイオリンの練習までしていたら、どう考えても睡眠時間が不足します。

問題と呼ばれるものは、正解があらかじめ決まっている「選択問題」と、解決すべきテーマが提示されている「正解のない問題」の2種類あります。娘の高校の宿題は、正解があらかじめ決まっている選択問題がほとんどでした。

そこで私が娘に提案したのが「学校の宿題は解かずに答えを丸写ししながら丸暗記する」ことだったのです。

先生が生徒を信頼して、解答つきの問題集をそのまま配布し、それを宿題にすることがありました。そこで答えを丸写ししつつ丸暗記。答えを暗記してから提出するので、決して「サボった」ことにはなりません。問題を解く時間をカットして理解を優先したまでです。

夏休みの宿題でも、市販の問題集をポンと丸ごと出してきたときは、娘に「答えを丸写しして丸暗記しよう」とアドバイスしました。

私の英語教室でも、問題を解く時間がもったいないので答えを丸暗記するように指導しています。

親御さんは、宿題はどれも有意義なものだと思い込んでいるかもしれませんが、宿題が学習の妨げになるという研究結果もあります。

米デューク大のハリス・クーパー氏によると「小学生は宿題の学習効果がゼロなので宿題を禁止すべき」「中学生でも宿題で成績向上の効果はほとんどない」「高校生になってようやく効果が認められるが、2時間以上やると効果が減少する」と言います。

小学生に必要なのは、質のよい睡眠、家族団らんの時間、友達と遊ぶ時間、読み聞かせなのだそうです。

ただし、宿題を拒否するのは社会のルールに反するので、きちんと提出すべきでしょう。ならば宿題の本来の目的である「学習」をすればよいわけで、解くと時間がかかる問題は丸写し&丸暗記すればよい。私はそう考えるのです。

模試を受けるな、1番にこだわるな、塾通いするな、宿題は答えを丸写し……。あらためて考えるとロクなことを言っていないようですが、このくらいドラスティックなことをしない限り、時代遅れの学校教育の悪癖から子どもは守れないのです。

第5章

家庭学習は
ビジネス感覚で
マネジメント

2040年に向けて日本の教育が大きく変わる

1人の高齢者をたった1・5人の現役世代が支える2040年の日本。

少子高齢化社会に向けて日本の教育が大きく変わろうとしています。2023年に閣議決定した「教育振興基本計画」はさまざまな深刻な問題が日本に発生する2040年までに、今すぐ取り組むべき課題が満載です。教育変革も待ったなしです。

2040年、高齢者の割合が全人口の35・3％、それに伴う社会保障費がなんと190兆円。加えて、子どもを産む女性が減っていることから労働市場は1100万人の人手不足に陥ります（2023年リクルート調べ）。このままでは日本に子どもを残してはまずいから海外留学させよう、それが無理ならせめてインターナショナルスクールに通わせよう、このようなご家庭がどんどん出てきているのも当然です。

頼みの綱は教育改革です。政府の打ち出す計画は、主に3つです。1つ目はDX（デジタル・トランスフォーメーション）、人手不足をデジタルで補います。2つ目はイノベーション、新しいアイデアで起業してもらい社会問題を解決してもらいます。3

つ目はウェルビーイング（持続的な幸福）、自分も他人もみな幸せになるような生活を送ってもらいます。

つまり、これからの子どもたちに必要なのは、言語能力、情報活用能力、問題発見・解決能力であって、偏差値云々ではありません。さらに、知識・技能、思考力・判断力・表現力など、学びに向かう力、人間性も求められています。高等教育では、幅広い知識と教養、専門的能力、職業実践力を会得することが必須です。

「教育振興基本計画」は子どもたちにこれだけのスキルを要求しています。加えて英語や多様性理解などのグローバルな視点、となれば、これは主体性をもって自ら人生を切り開いていける子どもたちを育てていくしかありません。現に、この計画書は、「みなで同じことを同じようにする学校教育での同調圧力からの脱却」も唱えているのです。

「教育は家庭から」という信念

教育改革に備える上で忘れてはいけないのは、子どもの勉強を学校や塾に丸投げ〈外注〉してはいけないということ、有名な学校や塾に外注することが、必ずしも子どもの自立、将来の成功や幸せを約束しないということです。

受験や勉強の仕組みが変わっても「教育振興基本計画式の入試で高得点を出すための対策」や「小論文・ディスカッション・面接の必勝術」といったマニュアル化された〝点取り合戦〟がはびこっては本末転倒です。予測困難な時代を生き抜く子を育てるという教育改革の目的ともズレてしまいます。

これから鍵となるのは、家庭学習なのです。そもそも、子どもの勉強が家庭と切り離され、独立した分野として極度に商品化されているのは、世界を見回しても、日本・韓国・中国・シンガポールの4か国くらいのもの。とはいえ、そんな4か国の中でも、子どもたちに素晴らしい家庭教育を授けて予測困難な社会に通用する子に育てている親御さんもいます。

そんな親御さんに共通しているのは「教育は家庭から」という信念のもと、いまこの瞬間を親子で楽しみ、幸せは周囲と分かち合うという姿勢です。私も家庭学習の基本となるこの姿勢を忘れなければ、結果は自然とついてくると思ってやってきたのです。

ハーバード生の家庭学習

娘のハーバード大入学をきっかけに、私は2013年からハーバード生が日本の子どもたちに英語で教えるサマーキャンプ「サマー・イン・ジャパン」（SIJ）を実施しています。

ハーバード生が講師役となって「未来の日本を担うグローバル人材の育成」「地域への貢献」「多様性の経験」という3つの柱を子どもたちに教えているのです。

子どもたちにとってハーバード生の存在そのものが等身大のロールモデル（お手本）となっており、よい勉強の機会になっています。

私は、そんなハーバード生たちの家庭学習についてアンケート調査をしました。

講師役に応募してきたハーバード生100人に「親の影響と家庭学習が自分の成長に及ぼした効果」について調査したのです。

結論からすると、ハーバード生の98%が幼い頃からの家庭学習をプラスに感じていることがわかりました。

- スポーツや音楽の習い事に連れて行ってくれた
- 家族で何でもディスカッションしていた
- 小学生の頃から政治経済、芸術の話をたくさんした
- 宿題をサポートしてくれた
- 進路についてアドバイスしてくれた
- いつも褒めてくれたから自信につながった
- 結果を褒めてくれただけでなく、結果以外の頑張りも褒めてくれた
- 自分で道を見つけられるようにサポートしてくれた
- 自分で新しい経験ができるように、余裕のある態度で接してくれた
- 失敗に負けない方法を教えてくれた
- 失敗しても大丈夫とわからせてくれた
- モラルを教わった
- スケジュール管理の重要性を教わった
- 12歳以降はよきアドバイザーになってくれた
- 中学生になったら高等教育の大切さをアドバイスしてくれた
- 小学校までは親が先生で、中学校の先生への橋渡しの役をしてもらった
- 移民がその国で生きるための、教育の大切さを説いてくれた
- 日常会話に文化や芸術の話が盛り込まれていた
- 小さな成功体験を積み重ねさせてくれた
- モチベーションをアップさせてくれた
- 学習の大切さ、面白さを教えてもらった

◉廣津留真理「ハーバード生の家庭学習に関する調査」より

❖ハーバード生が受けた家庭学習

非常に多かった意見

- いまの自分があるのは両親のおかげ
- 両親は私の最初の先生
- 親は私の人生のロールモデル（お手本）
- 幼少期の家庭教育はとても大切
- 学問の楽しさを教えてくれた
- 「知」を追い求める楽しさを教えてくれた

具体的に「家庭でどんな学習をしたか」

- 読み聞かせをしてくれた、本の読み方を教わった
- 2、3歳で文字を読めるようにしてくれた
- 幼稚園の頃にたくさん本を読んでくれたので、小学校1年生からは私が親に読んであげた
- 図書館に連れて行ってくれた
- 好奇心を促すリソースを常に与えてくれた
- 質問には何でも答えてくれた
- 小さい頃に勉強の習慣を身につけてくれたから、自立するのが早かった
- 宿題、スポーツ、友人関係の3つをうまくこなす時間管理術を教わった
- 美術館、プラネタリウム、自然キャンプ、旅行などに連れて行ってくれた
- 自分の意見を持つこと、常に問いかける大切さを学んだ
- 家族で劇をつくって演じた
- 3歳からストーリーをつくっていたが、文字が書けないうちは親がタイプしてくれた

両親が共働きの家庭も少なくありませんが、子どもに家庭学習を授けようとする努力には目を見張るものがあります。日本では有名校に合格するには学校や塾に外注することが近道のように思われがちですが、実際の主役は家庭学習なのです。

「それはアメリカ（海外）での話だろう」と思われるかもしれませんが、娘はハーバード大だけでなく日本の慶應義塾大にも合格しています。

子どもに勉強の価値を伝える

ほとんどのハーバード生は幼い頃、以下の4つを親に教えてもらったおかげで、自立して勉強に打ち込めたと答えています。

◎learning value（学ぶ価値）
◎love for learning（学びを愛すること）
◎learning habit（学ぶ習慣）
◎lifelong love of education（学びを生涯愛すること）

親が子どもに勉強の価値を伝えていることがわかります。

また、「読み聞かせ」「読書習慣」「図書館通い」など、早期から文字学習をしていたことがわかるキーワードが非常に多く、語彙を増やして会話を豊かにする家庭学習の重要性を強く感じます。

一方、少数ながら「親の影響はそう多くなかった」という意見もありました。具体的には次の通りです。

◎よい親に恵まれた子は成功するが、そうでない子は社会や第三者が勉強の楽しさを教えるべき
◎勉強の面白さを説くのは親でなくても、先生やメンター（導き役）でもいい
◎親を喜ばせるために勉強するのは賛成しない

アメリカは移民国家であり、家庭環境は多種多様です。十分な家庭教育を施すことができない家庭もあります。こうした現実が背景にあるので、家庭に教育を押しつけるのではなく、コミュニティ（共同体）全体で支える体制が必要だと訴えるハーバード生もいるのです。その点については日本でも今後、課題になることでしょう。

家庭教育というと、いわゆる〝ステージママ〟のように子どもを思い通りにコントロールするような悪いイメージがあるかもしれません。しかし、ある程度まで親が寄り添って助走を手伝ってあげることで、子どもは自由に羽ばたいていきます。

ビジネスと同じ発想で家庭学習をマネジメント

ここで家庭学習において踏まえておきたい４つのポイントを紹介しましょう。

◎重複していることや費用対効果の低い〝ムダ〟を削る
◎優先順位をつける
◎効率的にスケジューリングする
◎ムダを削った分、余暇を増やして有効活用する以上の４つをまとめると「選択と集中」というキーワードが浮かび上がってきます。すでに出てきたキーワードですね。

ムダを削ってやるべきことに優先順位をつけて「選択」し、効率的にスケジューリングして「集中」します。

よかれと思って通わせている塾や習い事も、それが「よその子もやっているから、うちの子も」という単なる〝同調〟であれば、一度立ち止まって費用対効果について考えてみるべきです。そうやってムダを削って生まれた時間を、主体性や創造性を育む活動に割り振るのです。

このように親が子どもの勉強をビジネス感覚でマネジメントするようになると、結果として子どもは重圧から解放されて、のびのびと自由に過ごせるようになります。すると、世界的に重視される主体性や創造性が自然と身についてきます。望むならば新たな受験システムにおいて、俗にいわれる〝受験勝者〟への道も開けるでしょう。

中途半端な丸暗記学習

世界標準の学習では「自分の頭で主体的かつ柔軟に発想する力」が重視されています。これに対して現在の日本では筆記試験の点とり合戦となっているため、知識偏重の丸暗記学習が幅を利かせています。

先ほども触れましたが、国際的に「ロート・ラーニング」(rote learning) といわれる丸暗記学習に重点を置いているのは、日本、韓国、中国、シンガポールの4カ国くらいのもの。

娘がハーバード大に合格したとき、私は娘と渡米してアドミッションズ・オフィス（AO＝入学管理課）の方と話す機会があったのですが、この4カ国以外の教育関係者がハーバードに見学に訪れると「どういうポリシーで教育をしていますか？」という類の質問が多いと言います。

ところが、ロート・ラーニングが重視されている4カ国の教育関係者は、決まって「試験をパスするには何点とればよいのですか？」と質問してくると嘆いていました。

それでも日本以外の韓国、中国、シンガポールは、まだマシ。というのも、国際化を意識した〝結果を出すロート・ラーニング〟だからです。

どういうことかというと、韓国、中国、シンガポールでは英語を丸暗記して克服したうえで、寸暇を惜しんで芸術やスポーツに励み、小学校時代から家族でアメリカに移住し、ハーバード大やイェール大などの「アイビー・リーグ」に合格する超エリートを次から次へと生み出しているという特殊事情があるのです。

それに比べて日本の丸暗記学習は、日本国内でしか通用しない中途半端なものになっていますから、いまになって国をあげて教育改革が叫ばれているわけです。

丸暗記学習の功罪

歴史をひも解くと、日本に丸暗記学習が根づいたのは、鎖国を終えて欧米に追いつけ追い越せで必死だった明治期のことです。

先をゆく欧米の知識や技術を丸暗記でそっくり学びとって、日本で運用するため、丸暗記に長《た》けた人材を留学生として派遣。国を動かす官僚として選別するため、丸暗記学習（ロート・ラーニング）が奨励されたのです。

『近代日本の官僚〜維新官僚から学歴エリートへ』（中公新書）に詳しく書かれていますが、新しい学問をわがものにしたいという執念はすさまじく、第1回文部省海外留学生としてハーバード大に留学した小村壽太郎（明治を代表する外交家）は、医師から夜の読書を慎むように指示されるほど勉強に打ち込みました。

そして第2回生として留学した杉浦重剛（教育家）は、ハーバードで首席になれなかったことを悔いて帰国しようとしたエピソードが残されています。

さらに第二次世界大戦で焼け野原となった日本が、欧米に追いつけ追い越せで必死となった戦後の高度経済成長期にも、丸暗記学習に長けた人材は有効でした。決められたことを決められた通りにすれば一定の成果を収められた大量生産・大量消費の時代までは、むしろ必要とされた能力だったのです。

しかし、時代は変わりました。現在、それにこの先は、世の中にない新たな価値観の創造に長けた人材が求められます。そんな時代に丸暗記学習に秀でた人材に価値はありません。丸暗記するならコンピュータのほうが正確でローコストでもあります。

丸暗記学習で偏差値の高い国内の有名校に進み、一流企業に入れば一生安泰というのは、明治から昭和までのステレオタイプの成功モデルに過ぎません。

ほとんどの情報がインターネットで検索すればわかるようになり、情報の保存もクラウドに任せられる時代になっています。今後もその傾向はいっそう強くなりますから、丸暗記学習はますます価値がなくなることでしょう。

学校教育から家庭学習へ

学校や塾が時代遅れの丸暗記学習から抜け出せないのなら、家庭学習で「考える力」を身につけさせて防衛するしかありません。私はそういう信念に基づいて、娘を育ててきたわけです。

今後、丸暗記学習は一気に陳腐化すると私は予想しています。

そして、いったん陳腐化が起こると、価値観は一気に、そしてガラリと変わるでしょう。

かつては熟練の職人しかつくれなかった精密な加工品から飛行機までもが、いまや３Ｄプリンターでつくれる時代になっているのです。

先々を見越して子育てをしないと、価値観がガラリと変わって子どもが時代にとり残されてしまいます。そうなっても、誰も助けてくれません。

最終的には子ども自身が自分の人生を切り開いていくとしても、途中までは親が導かなければいけません。国も社会も、誰も責任をとってはくれないのですから。

子どもの勉強には「学校教育から家庭学習へ」という価値観の大転換が必要です。それが新しい価値観を生むステップとなり、子どもに、さらには日本全体に明るく楽しい未来をもたらしてくれると私は信じています。

学歴は国際競争にさらされている

現在、世界中でより良い人材の取り合いが起きています。人材育成の高等教育機関である大学も例外ではありません。

少子化の影響もあって日本の大学の受験者数が全大学の定員総数を下回っており、大学を問わなければ全員が入学できる〝大学全入時代〟に突入しています。それが何を意味するかというと、誰もがゲットできる「大卒という学歴」の価値の低下です。

しかも、インターネットのおかげで、日本の大学ランキングが世界の全てではなかったという事実が目の当たりにされました。今どきの子どもたちも親たちも、日本の大学偏差値ランキングを見ると同時に、世界大学ランキングもしっかりチェックしているのです。

廣津留すみれがハーバード大学に合格した2012年頃までは、日本人は日本の大学を目指して筆記試験にベストをつくし、「桜咲く」の合格通知を笑顔で受け取れるように努力に努力を重ねてきました。18歳での合格通知が人生最良の日で、学歴を手に入れた瞬間に一生涯薔薇色のキャリアを手に入れたも同然でした。

また2012年当時までは、留学するのは特別な目的を持った若者たちでした。例えば、親が海外大学卒で家庭の方針で当然のように海外で学ぶお子さんはボーディングスクール留学から海外大学へ、クラシック音楽で高みを目指す人はヨーロッパやアメリカの音大へ、ビジネスで高みを目指す人はMBA（経営学修士）を求めてアメリカのビジネススクールへ留学していました。しかし、これからは4年制大学の進学先を海外から選ぶお子さん、もっと早くから留学するお子さんもどんどん増えるでしょう。

高等教育の人材育成には2つのやり方があります。

1つは、シグナリング理論です。学ぶ内容自体はどうあれ、いわゆる良い大学に入学して卒業できることが頭の良さや努力を証明する、という一定の能力があるかどうかを試験でふるいにかけて選別する方法です。つまり、重要なのは「何を学んだか」ではなくて、「良い学校を卒業したかどうか」になります。

もう1つは、人的資本論です。こちらはシグナリングの反対で、「良い大学」ではなく「何を学んだか」が重要です。教育機関で学んだスキルや知識を糧にして、将来自分の価値を上げて、賃金を上げていくわけです。

これまでは、前者の「学歴」でやってきていた日本ですが、これからは後者の「自分に付加価値をつけて賃金を上げる」にシフトするはずです。そうでないと、国際競争にさらされる社会でサバイブするのが難しいVUCA（変化が激しく先行き不透明な時代）だからです。

❖世界大学ランキングトップ10

①マサチューセッツ工科大学（アメリカ）
②コロンビア大学（アメリカ）
③オックスフォード大学（イギリス）
④ハーバード大学（アメリカ）
⑤スタンフォード大学（アメリカ）
⑥インペリアル・カレッジ・ロンドン（イギリス）
⑦スイス連邦工科大学チューリッヒ校（スイス）
⑧シンガポール国立大学（シンガポール）
⑨ユニバーシティ・カレッジ・ロンドン（イギリス）
⑩カリフォルニア大学バークレー校（アメリカ）

世界で下位に甘んじる日本のトップ校

廣津留すみれがハーバード大学に入学した頃は日本の大学は世界ランキングで下位に甘んじていました。世界的に評価の高いイギリスの高等教育評価機関「クアクアレリ・シモンズ（ＱＳ）」が２０１５年に発表した世界ランキングではＭＩＴ（マサチューセッツ工科大学）が1位、ハーバード大学が2位、3位がケンブリッジ大学で、トップ10はアメリカとヨーロッパに独占されていました。２０２３年発表のＱＳ最新版では、1位のＭＩＴは変化なし、ケンブリッジ大学が2位、ハーバード大学が4位ですが、アジアからシンガポール大学が8位にランクインしています。また北京大学が17位です。

日本は、東京大学が28位、京都大学が46位です。これは「国際性」が低いからであり、決して日本人が劣っているわけではありません。私は仕事柄国内外の若者と接することが多いのですが、大学生が総じて言うのは、「どうせなら英語で最初から授業をしてほしい」。なぜなら、結局、最後は英語の文献にあたることになるので、日本語訳されたものではなく、文献の数も内容も圧倒的な英語で教えてくれたほうが早い、ということです。

さらに、今では小さいお子さんもマレーシアやタイに留学するようになり、いわゆる先進国ではないアジアの国々に、未来を担う日本の子どもたちが流出するというまさかの現実に日本は目を背けてはいられません。

2023年、観光では日本は世界一位になりました（米国大手旅行雑誌Conde Neste Traveler)。

均一社会日本の魅力をいかしつつ、教育はバイリンガルで、そんな変化が求められています。

幼い頃から自主性を重んじる

子どもだけでなく大人になっても、指示を待つばかりで自分から主体的に行動を起こせない〝指示待ち人間〟が少なくありません。

その根源には、やはり日本の学校教育があります。先生の言うことを黙って聞いて、その通りに動く生徒を評価する傾向が強いからです。先生と目を合わせることも無礼だった昔の日本では、先生の教えは絶対で質問や意見などとてもできませんでした。そうした受け身の伝統を脈々と受け継いできたわけです。

一方、世界のトップ大学に入るような学生は、先生や教授の言うことを黙って聞いているようなタイプでは生き残れません。

他の学生たちと切磋琢磨しながら積極的に発言し、能動的に授業に参加する姿勢を示さないと、存在意義さえ否定されかねないのです。そのために大学側は能力の高い教授陣による指導、そして必要な施設や奨学金などを提供しています。

ハーバードには学生たちが自ら運営する新聞社が数社あり、なんと日刊紙を発行しています。他にもさまざまな組織が競うように活動しており、それらを運営しているのは学生たち自身です。

こうした主体性のかたまりのような学生たちのなかには、在学中に新しいサービスやソフトウエアを開発して注目を浴びる学生も少なくありません。

ハーバード在学中にマイクロソフトを起業して休学したビル・ゲイツ氏、フェイスブックを立ち上げて中退したマーク・ザッカーバーグ氏が好例です。

ハーバードに限らず、海外のトップ大学は自己責任が基本。子どもの頃から自分のことは自分で決めるのが当たり前だという傾向がとても強いのです。

私は娘が幼い頃から自主性を重んじて家庭学習を施してきたので、自分が先頭に立って物事を進めるタイプに育ちましたが、ハーバード生になってからその傾向に拍車がかかりました。

実際、学生オペラのプロデューサーとして音楽会を企画し、世界的なチェロ奏者であるヨーヨー・マさんとの共演も成功させました。

娘のように音楽が得意な学生もいれば、数学で飛び抜けている学生もいます。得意なフィールドは違っても、それぞれの道でしのぎを削っていますから、お互いをリスペクトする環境があるようです。

それぞれの多様性（ダイバーシティ）を認め合う環境では、それぞれの才能が開花しやすいようです。日本の大学をはじめとする学校教育には、こうした視点が決定的に欠如しているように思います。

第6章

「文化資本」と「問題解決力」がポイント

家庭学習の高さを評価されて合格

ちょっと堅苦しく聞こえてしまうかもしれませんが、家庭学習を充実させることの最大のメリットは「文化資本」が高まることだと私は思っています。

文化資本とは、家庭学習で得られる趣味や教養、国内外の文化の素養やマナーなど、基礎的な学力を超えた、高いレベルの感性や自主性を意味します。

偏差値主義に毒されてしまっている親御さんからすれば「何を青臭いことを言っているんだ」と笑うようなことでしょうが、間もなくやってくる受験や教育システムの大変革でモノをいうのは、こうした基礎的な学力を超えたものだと予想されます。

少なくとも、すでに海外の大学では重視されていて、文化資本と受験の相関関係の研究もあります。

個人差はあるでしょうが、基礎的な学力は学校と塾に外注すれば、ある程度補えるかもしれません。ところが文化資本となると幼少期から家庭学習で育み、醸成されるものであり、受験対策のようなマニュアル的な学習では身につかないものです。

文化資本が高いと多様性（ダイバーシティ）を受け入れられるようになり、他人に関しても寛容になれます。国際化が進んだ社会では大学に限らず、家庭学習によって養われる文化資本に裏づけられた本物の人間力が評価される時代を迎えています。

そうした波が日本にもやってきていることに気がつかなければいけません。

もともと日本は諸外国に比べて言語や宗教、人種などの多様性が低いのですが、これから国際競争にさらされることになる若年層にとって、多様性をベースとする問題解決力と相互理解力は必須になります。

日本でも海外でも、大学入学で最もステイタスが高いのは無試験で入ること。もしくは、入学とは無関係の存在として泰然としていることです。

「コネ入学が一番偉いのか」と誤解されそうですが、そういうことではありません。大学から家庭学習の高さを評価されて合格するのがステイタスだということです。

世界のトップ大学が優れた家庭学習を施す名門家庭の子息を欲しがるのは、芸術やスポーツに秀でた学生をとりたいと思うのと同じ感覚であり、さまざまな階層から広く学生を集めて大学の多様性を維持する狙いがあります。

また、代々同じ学校に子どもを送り続けている名門家庭は、学校からの信頼性も高く、安定した評価を得ています。

さらにそうした名門家庭は社会貢献の一環として学校に多額の寄付をしますから大学の経営にとってプラスであり、寄付金の一部は、優秀なのに家計の事情で学費をまかなえない学生の経済的な支援に回されることになります。

娘のルームメイトの1人は、ハーバード大4年間の学費・寮費・食費が無料でした。優秀な学生が、家庭環境に左右されずに学べる優れたシステムがあるわけです。

家庭学習で問題解決力を高める

家庭教育では文化資本とともに自分の頭で考える力、つまり「問題解決力」を高める効果もあります。2020年から改定された学習指導要領では、丸暗記主体のロートラーニングではイノベーションが育たないことの反省から「主体的・対話的で深い学び」が重視されるようになりました。

「主体的・対話的で深い学び」とは、子どもたちが未来社会を切り拓くための資質・能力を育むことです。知識、思考力、表現力を身につけた上で、それを社会で生かせる包容力のある人間性を備えることです。難しそうだな、と思われるかもしれません。しかし、これら全ての基礎は家庭学習で習得可能なものばかりです。

例えば、学校では、「立場や根拠を明確にして議論することを教えるようにと指導要領に書かれています。私の「ハーバード生が受けた家庭学習」（118ページ参照）をご覧ください。ハーバード生たちの家庭ではこれが日常的に行われています。

・家族で何でもディスカッションしていた
・小学生の頃から政治経済、芸術の話をたくさんした
・日常会話に文化や芸術の話が盛り込まれていた
・移民がその国で生きるための、教育の大切さを説いてくれた

家庭学習で考える力を養う

このように学校の「主体的・対話的で深い学び」が生きるのは文化資本が高く、日頃から気候変動や難民問題のような話題が身近にある家庭の子どもです。

こうした〝助走〟がないと「起立、例、着席。今日は深い学びをしましょう」など

と先生に言われても子どもたちが自分で一次情報を効率よく集めて分析し、主体的に深めることなどできません。

教育コストを低く抑える

すでに触れたように丸暗記学習（ロート・ラーニング）に頼った偏差値主義で、日本国内の大学を目指すことにもはや積極的な意味はありません。

もっと世界に目を向けた大学の選択を視野に入れるべきですが、「海外の大学はお金がかかるから無理」と最初から諦めている親御さんも多いのではないでしょうか。

しかし、それは誤解です。実情を知るとちょっと違う印象を受けると思います。例としてハーバード大（学部）の費用を紹介しましょう。

1年間の授業料・寮費等は計7万9450ドル（1ドル150円で約1191万円）ほど。これだけ見ると「一般家庭では払えない」と思いますが、世帯年収が8万5000ドル（同1275万円）未満の家庭は、1年間の授業料・寮費等の7万9450ドルが全額免除。つまり、授業料も寮費等も無料。タダで学べて、3食付きの寮生活ができるということです。1学年の約24％もの学生がこれに該当しているのです。年収が8万5000ドルから15万ドル（同2250万円）の家庭も、実際支払う額は年収の0％から10％になるように返済無用の奨学金が出ます。

日本の平均年収は約458万円（男性約563万円、女性約314万円。国税庁『令和4年分民間給与実態統計調査』）ですが、その約5倍の世帯年収がある家庭にさえ奨学金が出るということです。

一方、日本国内の医学部の例としては、東京都に「東京都地域医療医師奨学金制度」があります。

大学医学部卒業後、2年以内に医師国家試験に合格して医師免許を取得し、「小児医療」「周産期医療」「救急医療」「へき地医療」のいずれかに医師として奨学金貸与期間の1・5倍の間従事すれば、奨学金の返還が免除されるのです。医学部在学中の6年間奨学金をもらったとしたら、9年間従事すればよいわけです。

参考までに主要な私立大学医学部の奨学金の金額を紹介します。

順天堂大学に入学した場合、6年間の授業料2080万円＋毎月10万円の生活費6年分で計2800万円、杏林大学で同計4420万円、日本医科大学で同計2920

万円がもらえるわけです。

令和6年度は学生25人が対象となりました。これにより東京都は不足する科の医師を安定的に確保できますし、医学部の高額な授業料が負担になる家庭は家計が助かりますから、一石二鳥の優れた制度といえます。

第7章

学校教育で"使える英語"が育たない理由

英語ができなくても困らない⁉

これからの時代、「英語ができて当たり前」くらいに思っていなければ国際化の荒波のなか、個人として競争力を保てません。日本国内でしか通用しない日本語に比べて、英語の情報量は100倍あるといわれますから、英語を使えないと損なわけです。

これからどんどんＡＩ（人工知能）が発達すれば、わざわざ語学を勉強して身につけなくても即時通訳（翻訳）してくれるようになるという意見も昨今ではあります。しかし、それがいつ訪れるのかわかりませんし、確証だってありません。

現状の日本人の英語力は世界的に見ると恐ろしいほど低レベルです。

ある調査では「ＴＯＥＦＬ」（英語を母国語としない人を対象とした国際基準の英語能力測定試験）の平均点は世界163カ国中135位、アジア30カ国中27位と極めて低レベル。ヨーロッパを代表するビジネススクールであるＩＭＤ（国際経営開発研究所）の指標でも、59カ国中58位となっています。

なぜ、これほどまでに日本人は英語ができないのでしょうか。

それは**「英語ができなくても困らないから」**です。

社内公用語が英語という外資系企業や外国人が訪れるホテルに勤務する人など、一部の人を除けば、ほとんどの日本人は生涯にわたって英語を話す必要性がないのです。

また、中高でかなりの時間を割いて英語を勉強しているのに英語ができないのは、大学受験をゴールとする日本独自の「受験英語」が国際的に求められる英語力と大きく乖離《かいり》しているという理由もあります。

英語学習はリーディング（読む）、ライティング（書く）、リスニング（聞く）、スピーキング（話す）の４技能からなりますが、日本独自の受験英語は文法中心で４技能いずれも中途半端です。

日本語の１００倍ともいわれる英語の情報にアクセスして活用するには、リーディング（読む）が最重要ですが、残念ながら日本の学校教育ではそれを実用レベルまで高められません。その他のライティング（書く）、リスニング（聞く）、スピーキング（話す）のスキルは、ほとんど身につきません。

もともと〝コミュニケーションの道具〟として英語を使いこなすためではなく、受験英語としてテストでよい点数をとることが目的となっているのですから、ピントがズレています。

コミュニケーションの道具として英語を使うとなれば、4技能が総合的に必要です。プレゼンテーションで自らの主張を効果的にアピールしたり、文化的な背景が異なる人たちにも理解できる論理的な文章を書いたりする実践的な能力が求められます。目的も中身もまったく違うものですから、受験英語の延長線上で何年勉強しても英語が使えないのは当たり前なのです。

新たな受験英語は家庭学習で身につける

いよいよ本格的に日本の英語が変わるときがやってきました。その理由は大きく3つあります。

1つ目は、受験校の選択肢が日本だけではなく世界中にあること。2012年に廣津留すみれがやってみせた「公立小中高からハーバードに合格」で一般的になりました。

2つ目は、コロナ禍以降、日本のインバウンドの隆盛で外国人観光客が溢れていること。この商機に乗りたいと英語への情熱の気配が会社や街に育ってきています。

3つ目は金融教育です。老後は年金だけでは賄えそうにないから株をやりなさいと国が推奨しています。日本株だけではなく、米国株を買う人が多い中、優良な企業に関心を持つ人が増えれば必然的に大人の目も世界に向き英語が必要になってきます。

これまでの日本のセンター試験のリスニング問題はあまりにもレベルが低すぎました。とても高3レベルの問題とは思えません。

What kind of pet would you like to have? At first I wanted a dog, but on second thought, I decided to buy a cat.
(どんなペットが欲しいですか？　最初は犬が欲しかったのですが、考え直して猫を買うことにしました。)

という英文の音声が流れて「結局、何を買いましたか？」という問いに答えます。

一方、若くて優秀な人材を世界中から「青田買い」する教育機関は後を立ちません。うちの学校はすごく良いよ、とアピールしてきます。同時に、どうせ学ぶなら留学したいという子どもたちやそうさせたい親もたくさんいます。そうなったとき、世界の受験英語はcatでは全く太刀打ちできません。

ハーバード大学受験でも使われているＴＯＥＦＬを例にあげてみましょう。読む・書く・聞く・話す、英語４技能の問題例を挙げてみます。

リスニング：ターゲット・マーケティングについての講義をまず聞く、そして質問に答える。スピーキング：「数学や理科を学ぶ方が文系科目を学ぶよりも重要である、という意見に賛成か反対か理由を述べて答えなさい」といった出題があり、15秒考える時間が与えられた後45秒で答えます。ライティング：あるテーマに沿って自分のポジションを決めて意見を書くものから、英文の資料を読んで賛成・反対両方の立場を分析するものまであります。リーディング：長文の量が多く語彙も難しいです。

つまり、これまで日本の標準的な高校生が経験したことのない出題形式が、若い世代に立ちはだかっているのです。文法、逐語訳、英文解釈、旧来型の英語教育にさよならして、ここは家庭学習で備える必要があるのです。

学校英語はニーズに追いついていない

大学受験の変革に合わせて、学校の英語教育も４技能中心に変わっていきます。

英語を教える幼稚園が日本全国に乱立している現状からわかるように、親の英語教育への期待度は相当高まっています。

しかし、これまでの英語教育でリーディングとライティングの2技能ですらきちんと教えることができていなかったのに、リスニングとスピーキングが追加されてきちんと対応できるのか、とても疑問です。

すでに小学校で英語の授業をしているところもあります。その様子を見学させてもらったこともありますが、私は子どもたちの英語力を伸ばす工夫が足りないという印象を持ちました。

ある小学校高学年のクラスでは「I love dogs.」という1文だけで1コマの授業を終えていました。黒板の「dogs」という単語に犬の絵を掲げて、その部分を猫やリンゴの絵に差し替えながら「I love cats.」「I love apples.」と音読させて1コマの授業が終わってしまうのです。

小学生とはいえ、高学年にはあまりにレベルが低過ぎます。日本語ならもっとレベルの高い文章を読み書きしているはずなのに、英語というだけで絵を使ったり、単純な「S（主語）＋V（動詞）＋O（目的語）」の1文だけで、1コマの授業を終わったりするのは、時間のムダとしか思えません。

ベテラン英語講師がクビになった理由

小学校では、外部の英語講師が英語を教えるケースがあります。その1人に私は貴重な話をうかがったことがあります。

彼女は自ら運営する教室で近所の子どもたちを対象に長年英語を教えているベテランです。そんな彼女が「勤務先の小学校をクビになりました」と言うのです。

ビックリして話をうかがってみると、彼女は他の先生方に比べて英語指導の経験が豊富なだけに、要領が良過ぎて他のクラスより授業が先に進んだそうです。それが上層部の目にとまり、最終的に「あなたのクラスだけ目立って平等にならないから辞めてください」とクビになったそうなのです。

また、彼女のお子さんは中2の期末テストの英作文で「I have been to Kyoto.」という1文に「×」をもらったそうです。そのお子さんから「ママ、この文章のどこか間違っているの？」と尋ねられたそうですが、もちろん間違った文章ではありません。

そのお子さんが先生に×にされた理由を尋ねたところ、「授業でまだ現在完了形を習っていないから」と言われたそうです。

どちらも笑い話のようですが、紛れもない実話です。

また、私は「これが大分県で最も優れた英語の授業」とすすめられて、中2の授業風景のビデオを見せてもらったことがあります。

そこでも「I gave him chocolate.」という1文をとり上げて「He gave me gum.」のように主語や目的語を次々と替えるだけの授業を45分間にわたって続けていました。

今回の英語改革は文科省も本気のはず。しかしながら、コミュニケーションの意味をとり違えて歌やゲームを導入しようと、すでに改悪ともいうべき行動に出た自治体もあります。

いずれにしても、このままでは学校には任せられない、頼れるのは家庭だけだということがよくわかっていただけるエピソードではないでしょうか。

高校3年間で読むのは英字新聞1日分

英語の4技能のうち、日本の英語教育はリーディングに重きが置かれてきたわけですが、それさえも不十分な状態です。

そもそも読む量が圧倒的に少ないのです。中高6年間で『ニューヨーク・タイムズ』(日曜版)1日分の文章しか読まないともいわれています。これで英語が読めるようになるわけがありません。

一方、ライティングは、リーディング以上に習得が難しいスキルです。その他のリスニングやスピーキングは、自然に身につきやすいスキルです。幼い子どもが親とコミュニケーションをとっているうちに、聞いたり話したりできるようになることからもわかります。ところがライティングは自分が得てきた教養や文化資本を動員する作業なので、正しく教わらないと、正しく身につきません。

考えてみれば日本語でも書くことは難しいのですから、英語でのライティングはより大変なことなのです。日本語で書く訓練をしていないと、英語でも主観と客観が交じり合った不思議な文章を書いてしまいます。

日本語でも例えば「この間、那須高原へ旅行に行ったら、おばあちゃんと知り合ってすごくうれしいと思いました」といった類の文章を平気で書いたりしがちですが、英語で同じように書いたらチンプンカンプンです。客観的な事実を整理してから、そこに主観的な自分の感想を書くという訓練が全然できていないのです。

本来であれば「先週末、那須高原へキャンプに行ったとき、道の駅で地元の農家のおばあちゃんと知り合いました。おばあちゃんから農作物をつくる楽しさを教えてもらい、うれしい時間が過ごせました。また機会があれば、訪ねてみたいと思います」といった具合に書くべきなのです。

「読み書き」と「聞く話す」はまったくの別物

私が暮らす大分のような地方でも、これからは英語スキルがいっそう大事になるということで、幼少期から英語を習わせようと英語の塾に通わせる親御さんが少なくありません。しかし、**幼稚園あたりから英語漬けにすると英語が身につくというのは一**

種の幻想です。

英語漬けにする方法を「イマージョン法」と言いますが、これが有効なのは自宅でも英語漬けにできる家庭だけです。親が英語で話せる家庭であれば、子どもたちは英語がペラペラになるでしょう。

この環境が備わった家庭だとしても、満たされるのはリスニングとスピーキングだけです。話し言葉と書き言葉はまったくの別物。リーディングとライティングは両親が英語のネイティブスピーカーであろうがなかろうが、全方位的に学習しないと獲得は厳しいのです。

考えてもみてください。両親が日本人で日本語がペラペラな日本人全員が、立派な日本語で手紙を書き、説得力抜群の日本語でビジネスの企画書を仕上げ、古今東西の日本語で書かれた本を読破して、大学入試の国語で高得点がとれるでしょうか。

そんなことはないことがおわかりでしょう。英語も同じことなのです。

そこで次章から学校や塾に頼らず、近い将来必要となる英語力を獲得するための具体的な方法について紹介することにしましょう。

第8章

ひろつる式
英語学習メソッドで
使える英語が身につく

小学生でも2カ月で高校の教科書を読めるようになる

私の英語教室では、私が独自に編み出した「ひろつる式英語学習メソッド」で子どもたちがグングン英語力を伸ばしています。

一般的な英語教育に逆行するようなメソッドなので、はっきりいって〝非常識〟。既存の常識にとらわれず〝使える英語〟が最短距離で身につけられます。

私のメソッドで英語を学習しはじめて2カ月くらいすると、知識ゼロだった小学生でも高1の英語の教科書が読めるようになります。

その成功例の1人が、他ならぬ私の娘なのです。

ひろつる式のわかりやすいポイントの1つは、はじめから高いレベルの英語にチャレンジすること。ゴールから逆算して、英語を学んでいくというスタイルです。

そのゴールとは、18歳になったとき大学入試に出るようなアカデミックな長文の読み書きができるようになるとともに、プレゼンテーションやディスカッションをこなす表現力をつけ、実践的な英語を体得することにあります。

学校で教える英語は極めてシンプルで薄い内容にもかかわらず、ダラダラと時間をかけて教えるので、現状からもわかるように結局のところ身につきません。文法や問題の解き方を反復練習するだけで、肝心の英語力は向上しないのです。

ひろつる式で知識ゼロからはじめた小学生がたった2カ月で高1の英語の教科書が読めるようになるのは、中学3年間の英語がその程度の極めて薄い内容だということの裏返しでもあります。

中学英語は、中1の「be動詞」からダラダラと教えて、中3の「関係代名詞」で終わるカリキュラムになっています。そもそも2カ月くらいで教えられるような内容に3年も費やしているということです。

小中学生は語学力を飛躍的に伸ばせる潜在力を持っているのですから、実にもったいないことです。

最初から難しい英語にチャレンジしたほうが上達する

幼稚園や小学生から英語をはじめるにしても、アルファベットの綴《つづ》り方のように「いつかできるようになること」に時間をかけるのはムダです。

ABCの歌を歌ったりしてアルファベットを覚えようとしなくても、文章が読めるようになればアルファベットは読めるようになり、書けるようになるからです。

私は知識ゼロからはじめる小学生にも、レッスン初日から英語の長文を読ませるようにしています。子どもだからといって幼稚な英語でグズグズしているから、大学入試にたどり着くまで6年間もかかるのです。

娘が習っていたバイオリンでも、いつまでも簡単な曲の反復練習を続けるわけではありません。ピアニストの登竜門「ショパン国際ピアノコンクール」で優勝するようなピアニストがなぜ上手かというと、優勝したときの難しい課題曲をすでに幼い頃から弾きこなしているからです。

幼いからといって簡単な曲を練習するのではなく、幼い頃から国際コンクールの課題曲レベルの曲を練習して、それを継続的に磨いていくという発想が大切です。

娘は2016年4月にハーバード大を卒業し、9月からニューヨークのジュリアード音楽院の修士課程に進んで、2年間は音楽漬けの生活となる予定です。

ジュリアード音楽院の入試課題曲は10曲もあり、ハーバードの授業と課題をこなしながら全曲を暗譜するだけでも、私には大変に思えます。ところが、娘はそのうちの何曲かは、すでに小学生のときに弾いているのです。さらにハーバード大でリベラルアーツ（専門性にとらわれない幅広い教養）の神髄を学び、さらに磨きをかけた結果の合格でした。

世界的な音大の修士課程入試の課題曲を小学生の時点でチャレンジしていないと、その曲を合格レベルで演奏できるまでもっていくのはほとんど不可能。英語もそれと同じことなのです。

英語を体得するには、はじめからある程度子どもにとって難しい英文にチャレンジすることがポイントです。

小学生が大学入試問題を解けるようになる

18歳のゴールから逆算することで最初からレベルの高い英語にチャレンジし、ロケット噴射で軌道に乗せてあげると、あとは惰性で学習が進展します。

実際、私の方法で英語を学習して2年くらいたつと、小学生でも大学入試レベルの英文が読めて、問題を解けるようになります。

にわかには信じられないかもしれませんが、まずは常識や先入観をとり払ってみてください。子どもは大人が思っているよりもずっと柔軟であり、乾いたスポンジのようにみるみる知識を吸収していくのです。

具体的に説明しましょう。まずは、次ページの英文をご覧ください。

What if I were the teacher?
(もし私が先生だったらどうするか)

という出題に対して、英文で自分の意見を書くレッスンです。次ページの文章は、答えの英文サンプルです。この英文サンプルがミソなのです。

私の英語教室では、小学生がまず次ページのような答えの英文サンプルを読んで、次に自分の意見を英語で書いてみます。

英文サンプルを読む（インプットする）ことにより、書く（アウトプットする）能力が高まります。英文を読めば読むほど書けるようになるのです。

「小学生がこんな英文を読んだり書いたりできるようになるの？」と疑問に思うことでしょう。

❖子どもでも英文を読めば読むほど"書ける"ようになる

Writing exercise: What if I were the teacher?

If I were the teacher, I would try to be a lot like my real teacher except I would have all of the classes take place outside. We would sit in the shade under a tree in a garden or park. Every once in a while when the class started getting bored or distracted, we would get up and play tag for a little while. We would go on lots of field trips to museums and to the mountains. We would learn how to read and how to do math, and we would also learn how to cook and how to build things. I would have the students do lots of art projects. If the students came to class late, I wouldn't be mean. Instead, I would try to make school more interesting so that the students would want to get there early.

繰り返しますが、ゴールから逆算して、こうした実践的な英語の読み書きからはじめることによって、結果として小学生でも英語の長文が読み書きできるようになるのです。

以上、ひろつる式の概要に触れたところで、これから具体的なメソッドについて、従来の英語学習法と比較しながら紹介していくことにしましょう。

ひろつる式英語学習メソッド——文法は勉強しない

学校英語では文法（グラマー）に多くの時間を割きますが、私の英語教室では基本的に文法を教えません。日本語でいちいち文法を習わないのと同じことです。日本語でも英語でも、とにかくたくさんの文章に触れることが先決です。

さらに言うと、**長文を読んで書けるようになることが先決。そうすれば結果として文法は身につきます。**

私たちが文法を習わなくても日本語が話せるし書けるのだとしたら、それは英語にも当てはまるのです。

学校英語では関係副詞や現在完了進行形といった文法には詳しくなりますが、肝心の長文は読めないし書けないというおかしな状態になっています。

もちろん英語でも日本語でも文法は大切です。しかし、文法そのものを勉強して覚えるというアプローチは間違っています。

日本人にとって最難関の1つに「主語と動詞の数の一致」があります。「主語が単数なら動詞は単数形」「主語が複数なら動詞は複数形」という単純な決まりごとなのですが、これが日本人にはなかなか難しい。しかし、これも読み書きしながら体得できます。

❖文法そのものは勉強しなくていい

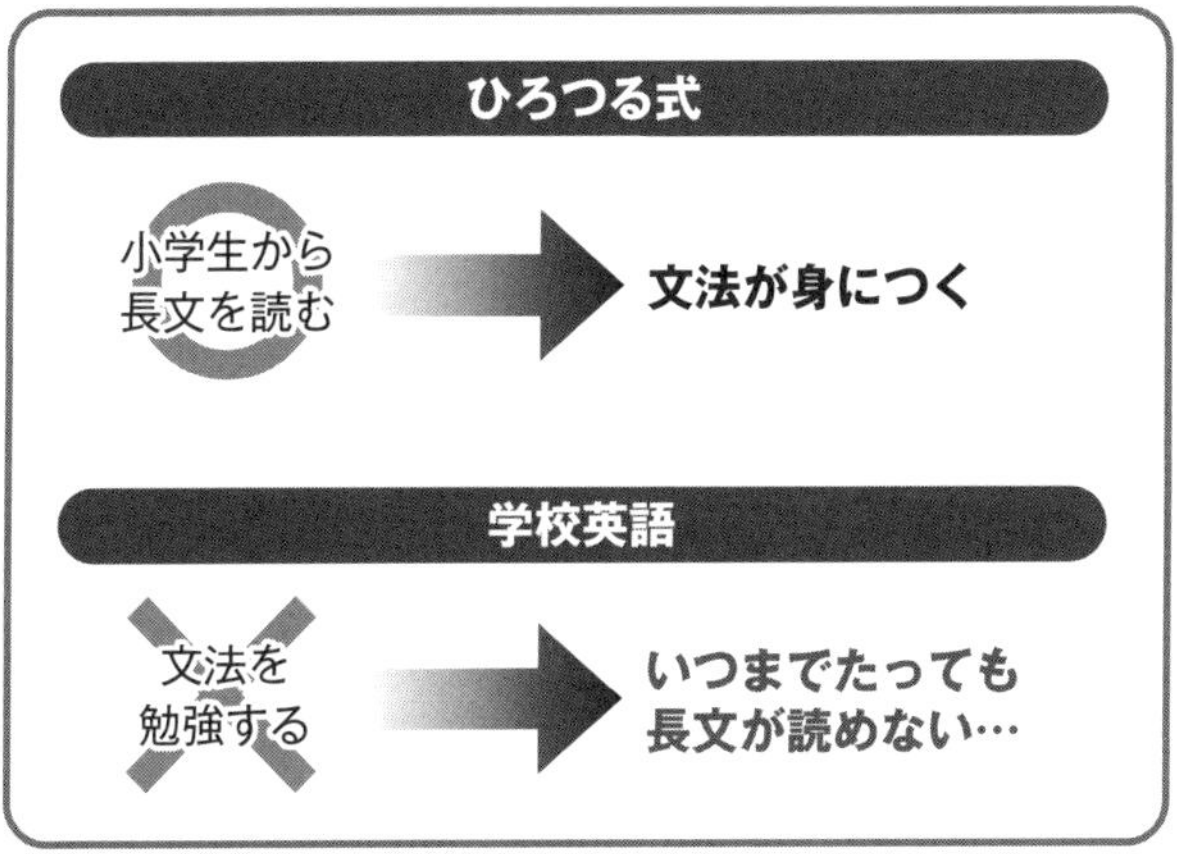

ひろつる式英語学習メソッド
――単語は単語帳で覚える

ゴールから逆算するといっても、語彙（単語）を増やさないと日本語でも英語でも読み書きは上達しません。子どもにとっては難しい英語を最初から読ませると言いましたが、もちろん最初からスラスラと読めるわけではありません。

当たり前のことですが、単語の意味自体、わからないからです。だからといって、英文に出てくるわからない単語を1つひとつ覚えようとすると、子どもの頭が混乱してしまいますから逆効果です。

❖英文はわからないなりに読み進めればよい

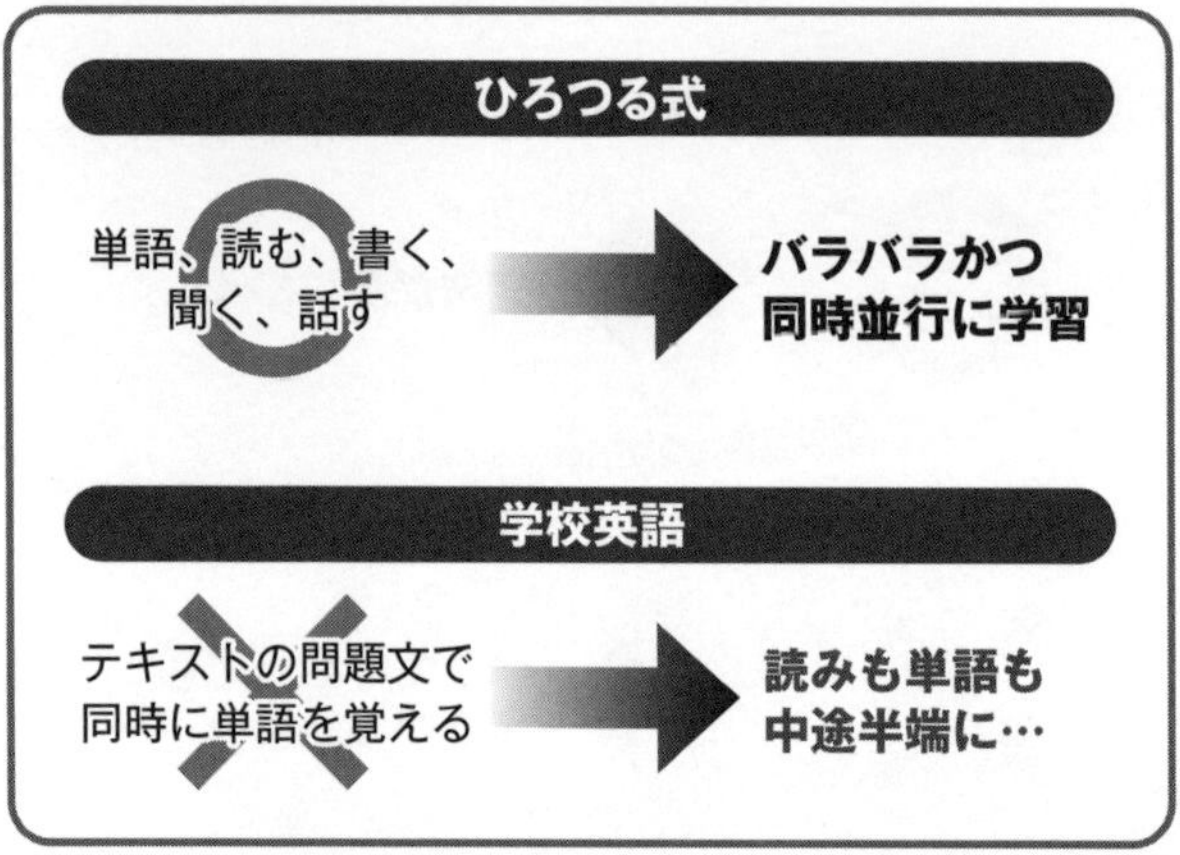
ひろつる式
単語、読む、書く、
聞く、話す
バラバラかつ
同時並行に学習
学校英語
テキストの問題文で
同時に単語を覚える
読みも単語も
中途半端に…

英文を読んで、わからない単語を確認して……という具合に、まるでアクセルとブレーキを頻繁に繰り返すような運転をしていると、燃費（効率）が極端に悪化します。文章の内容が頭に残りませんし、単語もそれほど覚えられないという中途半端な結果しか得られません。

英文と英単語を切り離して、英文はわからないなりに読み進めればよいのです。そして、わからない英単語を覚えるときは、「単語帳」を使います。単語は単語として、集中して語彙を増やしていくというアプローチが正解です。

私の教室では「1週間100個」のペースで覚えていきます。中学英語で必要とされる英単語は1800ほどですが、それくらいは小学校低学年で覚えてしまいます。単語だけでなく、英語の4技能はバラバラに、なおかつ同時並行で伸ばしていったほうが身につきやすいのです。

ひろつる式英語学習メソッド――子どもの語彙は親が増やす

大切なのは、英語でも日本語でも語彙（単語）を増やすことです。単語さえ増やせば、覚えた単語を並べるだけでもコミュニケーションはできます。

そのためには、英語よりまず日本語での親子の会話を増やすことが効果的です。私の英語教室では子どもたちに少し難しい問題を出して「わからないことは、お父さん、お母さんに質問してみてね」と伝えます。

そうやって親子のコミュニケーションのきっかけづくりをしているのです。

親子のコミュニケーションでのポイントは、意識的に〝知的な会話〟を増やすことにあります。

英語でも日本語でも、会話で大切なことは流暢《りゅうちょう》さではなく、あくまでも内容です。

❖親は子どもに意識して知的な会話を投げかけよう

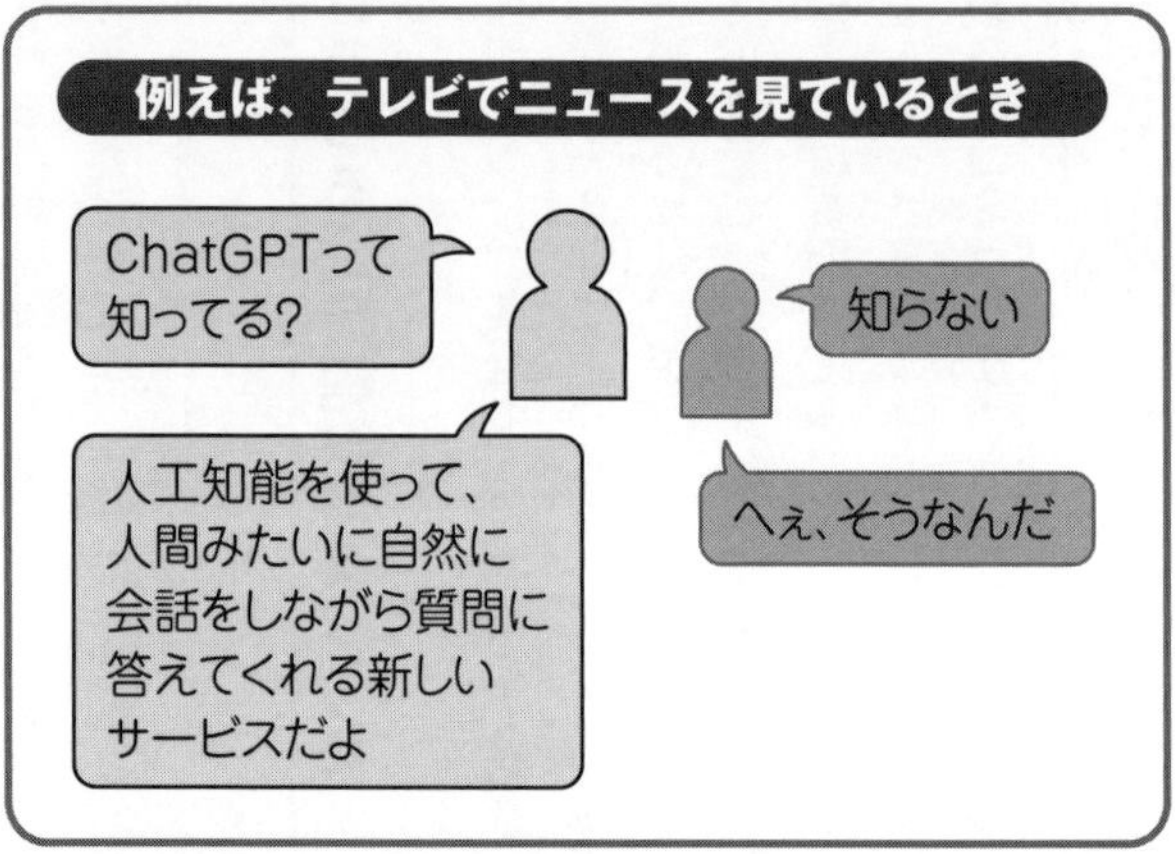
例えば、テレビでニュースを見ているとき
ChatGPTって知ってる?
知らない
人工知能を使って、人間みたいに自然に会話をしながら質問に答えてくれる新しいサービスだよ
へぇ、そうなんだ

たとえ英語がたどたどしくても、話す内容が興味深いものであれば相手は熱心に耳を傾けてくれます。英語でも日本語でも同じことなのです。

だからこそ日本語でいいので、普段から親子で知的な会話を増やして、将来的に〝内容の濃い英語〟が話せる子どもを育てて欲しいのです。

私の英語教室でも、早く上達する子は親子の会話が知的です。

例えば、ある親子の車に便乗させてもらったときのこと。お父さんが運転しながら外の田園風景を見て「マサユキ、見なさい。あれが二毛作だよ」と語りかけます。その子が「お父さん、二毛作って何？」と聞くと「二毛作と二期作は違うんだよ」と話を続けます。

ふとした会話ですが、このお父さんは普段から知的な会話を心がけ、何かを教えようとしていることが伝わってきたのです。

こうした知的な会話は、子どもの語彙や知識を増やして地頭《じあたま》を鍛えていく土台となりますから、ぜひ実践してみてください。

ひろつる式英語学習メソッド――問題と答えを覚える

英語学習で何よりも実践して欲しいのは、問題集を解かないこと。問題を解かずに「覚える」のです。


問題を解こうとすると当然、間違うこともあります。また、頑張って問題を解こうとするほど間違いが増えたりします。

大学受験に出てくるようなアカデミックな長文問題なら話は別ですが、中学・高校レベルの問題をいくら解いても、最終的なゴールである実用レベルでの英語力の向上には結びつきません。

❖問題集は解かずに覚えてしまう

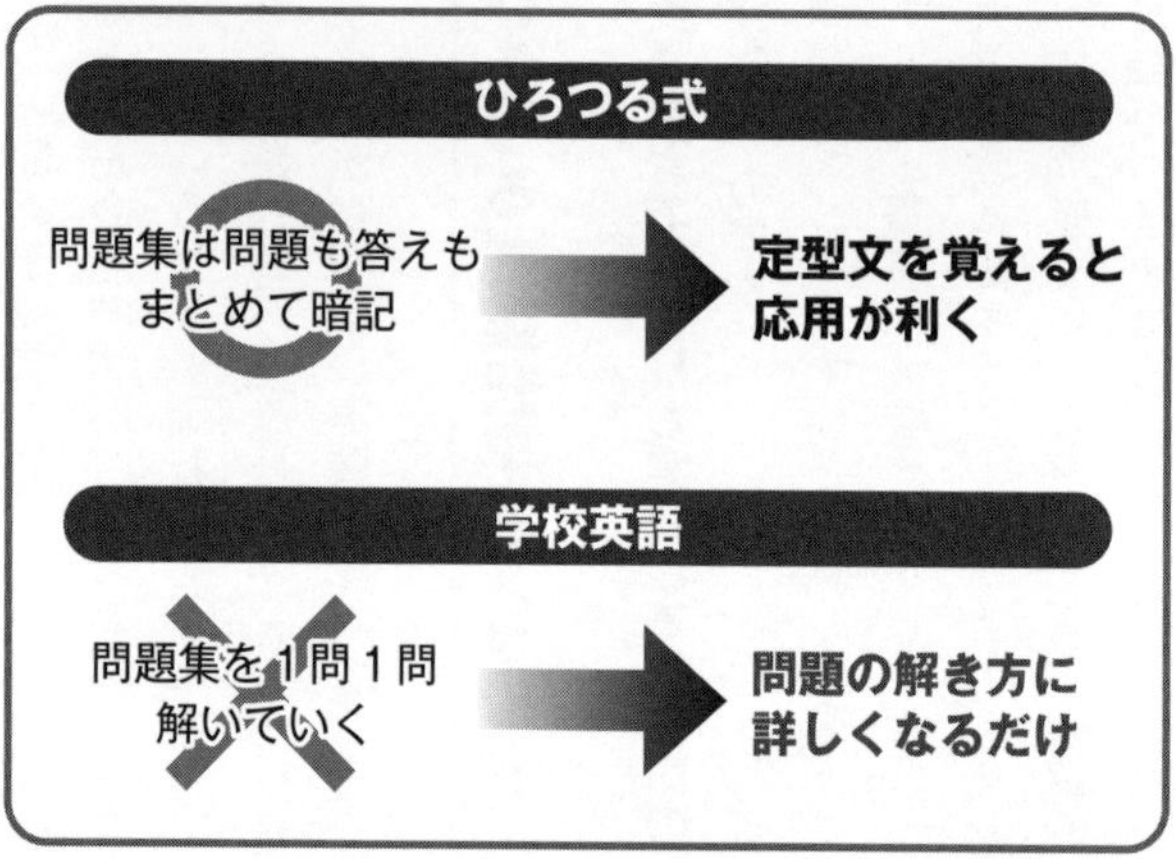
ひろつる式
問題集は問題も答えもまとめて暗記
定型文を覚えると応用が利く
学校英語
問題集を1問1問解いていく
問題の解き方に詳しくなるだけ

それよりも定型文（テンプレート）をたくさん覚えたほうがよいのです。

定型文（テンプレート）をたくさん覚えると、いくらでも応用が利くようになりますし、読んで中身を理解するうちに英語がみるみる身につきます。

丸暗記はよくないという話を散々したので違和感を抱いた人もいるかと思いますが、言語を頭に入れるインプットの初期段階では丸暗記も重要な意味を持つのです。

インプット（リーディングとリスニング）は丸暗記ですが、アウトプット（ライティングとスピーキング）は自分の言葉で書いたり話したりするのですから、インプットだけでアウトプットがない丸暗記学習法（ロート・ラーニング）とはまるで違います。

ひろつる式英語学習メソッド——文法的に正しく話そうとしない

大人も子どもも英語のスピーキングに苦手意識のある人は多いですが、基本的には大学受験レベルの英文が読めるようになれば話せるようになります。やはり英語は読むこと（インプット）が先決なのです。

そのうえで、**スピーキングは、うまく話そうとしないことがポイントになります。**日本語で話したって、途中で詰まったり、言い換えたり、主語が途中で変わったり、まとまっていなかったりすることはしょっちゅうあります。

日本語でさえそういう状態なのに、英語となると妙に身がまえて文法的に間違わずに話そうとしがちです。母国語の日本語でさえ文法的に間違って話しているのですから、英語を話すときも間違ってもいいと開き直るくらいで丁度よいです。

そうした感覚が得られたうえで、ホームパーティや学校の外国語指導助手（ＡＬＴ）

❖文法は気にしない

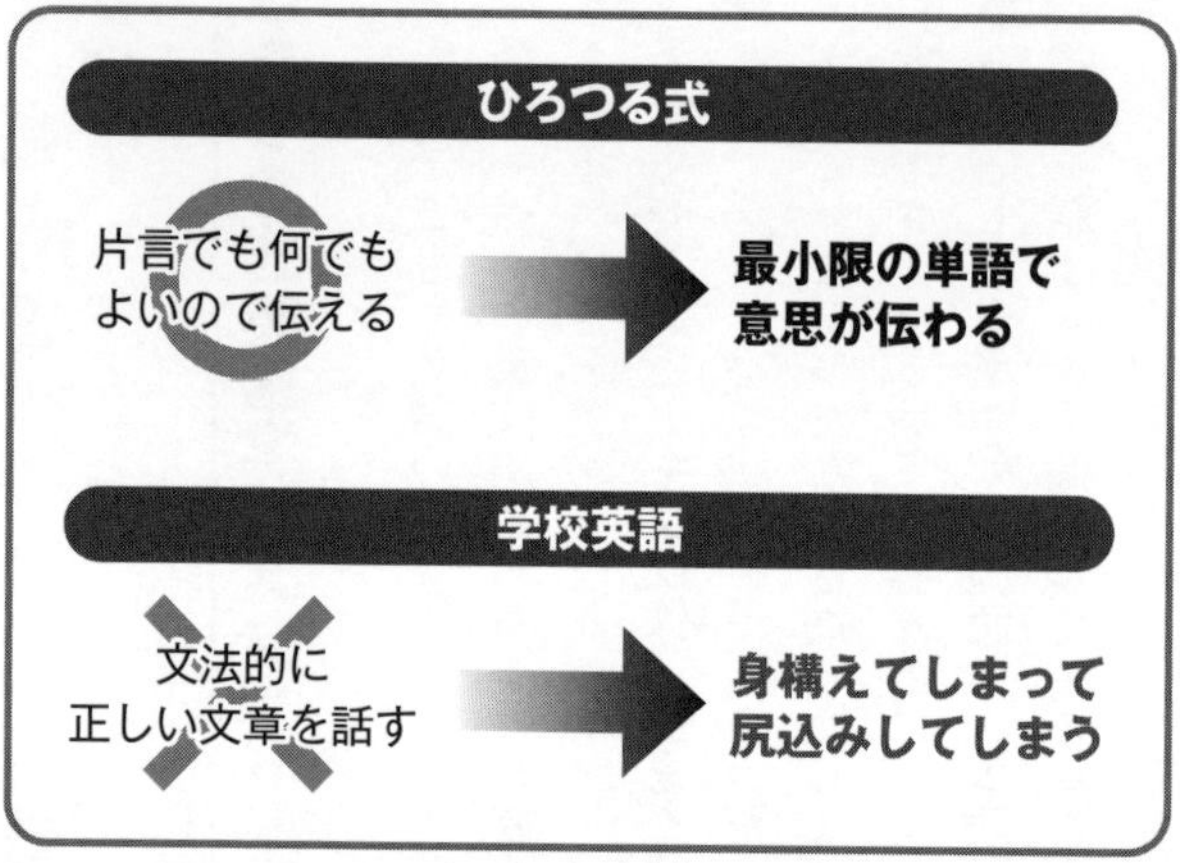
ひろつる式
片言でも何でも
よいので伝える
最小限の単語で
意思が伝わる
学校英語
文法的に
正しい文章を話す
身構えてしまって
尻込みしてしまう

とのコミュニケーションで実践する場を得られれば、右肩上がりで上達していきます。

よく言われるように、日本語も英語も、しょせんはコミュニケーションの道具です。大事なのは、その道具を使って何を伝えるかです。

例えば、「このジャケットは、僕が昨日デパートで買ったものだけど、結構気に入っている」と伝えたいのなら、「I really like the jacket I bought yesterday at a department store.」などとかしこまらなくても、単にジャケットを指差して、「I like this one.」だけでも通じます。

これくらい英語で伝えることのハードルを下げてよいのです。的確なセンテンスでテニスの達人同士のラリーのような会話を求めないこと。片言でも何でもいいから〝伝える〟という訓練をすることです。

そうやって一歩を踏み出せば、徐々に精度が上がり、ゆくゆくは地球温暖化問題や難民問題などアカデミックな内容についても語り合えるようになります。

ひろつる式英語学習メソッド――ざっくり読めればOK

英語に慣れていないと、長文を一から十まで全部読もうとしてしまいがちですが、実際は文章の趣旨がざっくりとわかるだけでOK。大学受験でも日常のコミュニケーションでも一から十までわかっていなくてもよいのです。

これも日本語に置き換えて考えてみてください。

新聞記事を読むとき、記事を一語一句読み込もうとするでしょうか。少なくとも私はそうしません。

記者が新しい情報源に基づいて書いた中国とTPPに関する記事を読むとしたら、

❖すべてわかろうとしなくてOK

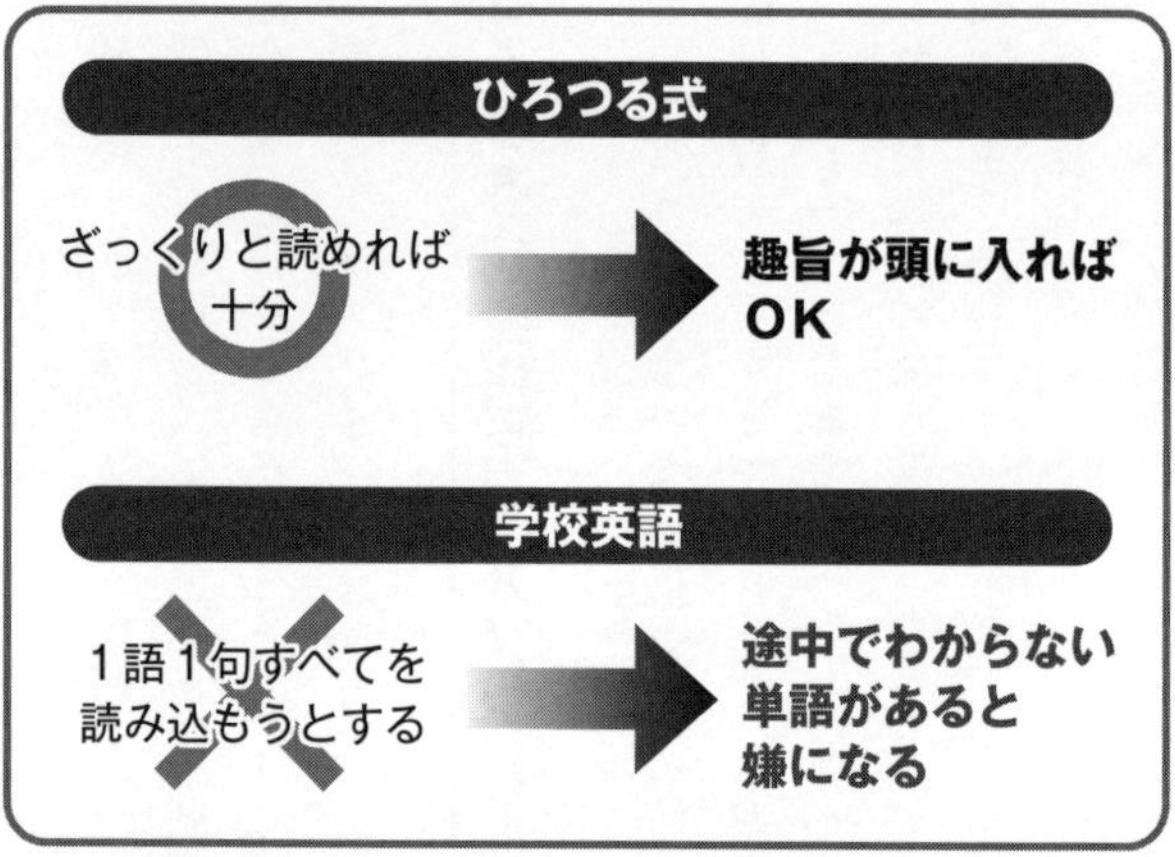
ひろつる式
ざっくりと読めれば十分
趣旨が頭に入ればOK
学校英語
1語1句すべてを読み込もうとする
途中でわからない単語があると嫌になる

ざっくり読みで趣旨を頭に入れて、自分が知っている情報と記者の新しい見立ての違いがわかれば満足するはずです。

日本語では飛ばし読みしているのに、英語になると特別扱いして飛ばし読みを許さなくなるのは、受験英語の悪いクセです。

知らない単語が多少あっても、主旨が頭に入れば問題はありません。

国同士の協定やビジネスの重要書類なら一語一句見逃すことなく読むのは当然ですが、そこまで英語が必要となる人は高校卒業後にあらためて学べばよいことです。

ひろつる式英語学習メソッド──枠組みがわかるとスラスラ読める

英文はざっくりわかればよいとお伝えしましたが、英文の構造（枠組み）を頭に入れておくとざっくり読みが得意になって、長文もスラスラ読めるようになります。

大学受験に出るようなロジカルな英文では、1つの段落（パラグラフ）には1つのアイディアしか入らないという「1パラグラフ・1アイディア」が暗黙のルールとなっています。

英文ライティングで一番大切なのは、「thesis」（最も伝えたいメッセージ）。短くてわかりやすいメッセージが注目を引きますし、何より読みやすく覚えやすいのです。

5段落のエッセイを書くとしましょう。まずは、エッセイを支える3つの根拠を用意するのがポイントです。

具体的に見ていきましょう。

第1段落は「序論」（introduction）。最も伝えたいメッセージ（thesis）を述べるのですが、それを支える3つの根拠（supporting idea）も提示します。根拠の強い順に提示するのがポイントです。

第2・第3・第4段落は本論（body）。序論で提示した最も伝えたいメッセージ（thesis）を支える3つの根拠（supporting idea）を各段落で1つずつ解説していきます。最後の第5段落は結論（conclusion）。最も伝えたいメッセージ（thesis）を違う表現に言い換えて再提示したうえで、第2・第3・第4段落で解説した3つの根拠についてまとめます。

一見複雑ですが、さらにシンプルにまとめると、こういうふうになります。

●第1段落＝序論（introduction）
I will say this.（これから私のメッセージを伝えます）
●第2・第3・第4段落＝本論（body）
I am saying this.（いま私のメッセージを伝えています）
●第5段落＝結論（conclusion）
I said this.（以上、私のメッセージを終えます）

大まかな枠組みを把握したところで、さらに細かく各段落のポイントを説明しましょう。

第1段落＝序論（introduction）で大切なのは、つかみ（hook）。著名人の発言や質問など、読者の興味を引くような文章ではじめると効果的です。そのつかみに呼応するトピック（topic）を登場させ、次にそのトピックを支える3つの根拠（supporting idea）を簡潔に述べます。最後に自分の最も伝えたいメッセージ（thesis）をもってきます。

第2・第3・第4段落＝本論（body）では、最も伝えたいメッセージ（thesis）がいかに正しいかを証明するため、3つの根拠（supporting idea）を強い順に述べていきます。それぞれに証拠（evidence）と証明（proof）が必要です。統計や論文、専門家の意見など説得力のある素材を用います。

第5段落＝結論（conclusion）では、最も伝えたいメッセージ（thesis）を言い換えて（paraphrase）主張します。次に第2・第3・第4段落の順に根拠を再び述べます。最後は、まとめて終わります。

こうした英文ライティングの枠組みがわかっていれば、長文のリーディングでも筆者の言いたいことがスムーズに頭に入るようになります。

段落ごとのトピックを理解したら、さっさと次の段落に進めばよいのですから、読解のスピードは自然に上がります。

「1パラグラフ・1アイディア」という枠組みは、幼児や小学生に英語を教えている先生は知らないかもしれませんが、高校で大学の入試英語を教えている先生なら知っていることです。

小中学生のうちから、この枠組みを教えれば、子どもたちが長文を読むのに疲れたり苦手になったりすることはありません。

テレビ通販に見る段落ごとの進め方

こうした英文の構造は、テレビ通販の流れと一緒です。よりわかりやすくするため、ダイエット・ジュースのテレビ通販を例に説明しましょう。

まずはMC（司会者）が「昔の服が入らない、同窓会までに痩せなくちゃ、つい食べ過ぎてしまう……こんなお悩みありませんか？」と視聴者の気持ちをつかむhookから入ります。そのあとすぐに「このダイエット・ジュースを飲むと痩せますからぜひ買ってください！」と語りかけます。これが**第1段落＝序論（introduction）**の最も伝えたいメッセージ（thesis）です。

そして次に「痩せる理由は2つあります」と司会者が続けます。「1つ目は、代謝を上げる天然の植物成分配合をしていること。2つ目は、三日坊主で終わらず確実に続けて飲めるように、美味しさにこだわっていることです」と説明します。

続いて、具体例を紹介します。**これが本論（body）**です。

サトウさん45歳が登場して「どんなダイエットをしてもリバウンドしていた私が3カ月で12kgも痩せてビックリしました！」と語り、「ご飯を普通に食べているのに、もう1年もリバウンドしていません」とニッコリ。

最後に代謝を上げる「天然植物成分配合」と書かれたジュースを飲み干す映像が流れます。

実例が1人だけだと説得力に欠けますから、その次にタナカさん28歳が登場。

★第４段落→本論３

- 最も伝えたいメッセージ（thesis）がなぜ正しいかを証明するための根拠３
- その具体例
- この段落の結論

★第５段落→結論

- 自分のthesisを言い換えて（paraphrase）再び主張
- 第２、第３、第４段落の順序で再び３つの根拠を主張
- まとめ

※注意点

このようにひな型（フォーマット）を与えられると、いかなる場合でも守りたくなる傾向があります。

しかし、これはあくまでも英語のロジックにはじめて触れる小・中学生が、ライティングの基本をわかりやすく理解するためのものです。

文章は伝えたいメッセージが最重要で、実際は何をどう書いてもよいのですから、ひな型を超える才能を持つ子どもには自由に表現させましょう。

❖英文の基本的な枠組みを理解しよう

例：5段落の英文

★第1段落→序論
★第2段落→本論1
★第3段落→本論2
★第4段落→本論3
★第5段落→結論

★第1段落→序論

- 読者が思わず読みたくなる魅力的なつかみ（hook）
- つかみで触れた段落全体のトピック（topic）
- トピックについて自分が読者に最も伝えたいメッセージ（thesis）と、メッセージをサポートする3つの根拠（supporting idea）を強い順に提示

★第2段落→本論1

- 最も伝えたいメッセージ（thesis）がなぜ正しいかを証明するための根拠1
- その具体例
- この段落の結論

★第3段落→本論2

- 最も伝えたいメッセージ（thesis）がなぜ正しいかを証明するための根拠2
- その具体例
- この段落の結論

「7kg痩せて彼氏ができました！」と、イケメンの彼氏と手をつないで幸せそうにデートしている映像が流れます。

さらにビフォー&アフターの写真が出て、「私はマンゴー味が一番好きです。美味しいのでずっと続けられます」とタナカさんが満面の笑みで語ります。

最後に、**結論（conclusion）**として最初に登場したMC（司会者）が「天然植物成分の働きでみるみる痩せます。味は7種類の美味しいフルーツから選べます。さあ、あなたもはじめましょう。本日はじめての方は30％オフでお試しできます！」と畳みかけます。

このようにテレビ通販も「1パラグラフ・1アイディア」で、段落ごとにトピックを挙げながら最終的に結論を述べて、お客さんである視聴者を引きつけているのです。

ひろつる式英語学習メソッド——英文の枠組みにならって書く

英語の4技能で一番の難関はライティング（書く）です。もっとも、前項で紹介した英文の枠組みが頭に入っていれば、小学生でも克服できます。早速、実践してみましょう。

まずはトピック（topic）を決めます。ここでは仮に「留学」をトピックにしましょう。次に、留学について自分の意見をよく練ります。そこで導き出した自分の意見が「日本の高校生は、在学中に一度は留学すべきだ」としましょう。これこそ、あなたが最も伝えたいメッセージ（thesis）です。

今度は、読者に「その通り！　日本の高校生は、在学中に一度は留学すべきだ」と納得してもらう作業です。

まずは根拠を3つ考えます。これが、あなたが最も伝えたいメッセージ（thesis）をサポートする根拠（supporting idea）となります。

その根拠を強い順に並べます。ここでは「外国の文化に触れると新しい発想が生まれる」「日本ではできない新しい体験がたくさんできる」「外国語が学べる」としましょう。あとは、先ほどの枠組みにならって書いていくだけです。

次ページに英文サンプルを掲載しました。サンプルを読んだら、別のトピックであなたも挑戦してみましょう。最初は、日本語だけでもかまいません（お題は例えば「おもてなし」）。

留学

テクノロジーのおかげで世界の距離は縮まった。150年前、世界旅行は一生の大仕事だったが、今日では飛行機の心地よいシートで最新コメディ映画を観ているうちに、ものの数時間で大陸間を移動できる。旅行がこのように身近になったいま、誰もがその恩恵にあずかるべきだ。新しい文化との出会いは創造性や新しい発想を生み出す。 各国には直接そこに行かなければ味わえない独特の体験がある。また、旅では外国語を学べる。高校時代に１年間の海外留学をすべきだ。

世界のどの国にも独自のシステム、歴史やライフスタイルがある。人は新しい文化に触れると発想の違いに驚き、その体験が新しい発想をもたらす。将来問題が生じたときに解決する手段がもっと増えることになる。

国内にずっととどまってこの機会を逃すのはもったいない。というのも、地上の至る所に素晴らしい光景が広がっているのだから。写真やビデオやインターネットと自分の目で実際に見るものとはまったく違う。世界を真に実感するには、旅をするしかないのだ。

２カ国語がしゃべれると、人生のチャンスが２倍になる。国内で外国語を学ぶのはたやすいことではないから、第２外国語をマスターするためには、その言葉が話されている環境にどっぷり浸かるとよい。留学したら、絶対にその国の言葉をマスターしてみるべきだ。

高校卒業までに、１年間は海外で学ぶべきだ。創造力が豊かになり、考え方の幅が広がり、国内ではできない経験に恵まれる。そして自信に満ちたバイリンガルになれる。高校生には留学できるようになんとしても頑張って欲しい。

❖英文の枠組みにならって書いてみよう

Studying abroad

Human technology has shrunk our world. 150 years ago it would take you a lifetime to travel around the world. Now, you can fly between continents in a matter of hours, all while watching the latest comedy film from the comfort of your seat. Travel has never been more accessible, and everyone should take advantage of it. Exposure to different cultures inspires creativity and new ways of thinking. Every country has unique experiences that can only be enjoyed by travelling there in person. And while you travel, you can learn a second language. Everyone should spend a year studying abroad during high school.

Every culture in the world has a unique structure, history, and style. When you experience a new culture, you will be surprised at people's ways of thinking. But experiencing these differences can provide you with inspiration. Then when you are faced with new problems in the future, you will have more tools to use to solve it.

Staying at home, you will never know what you're missing. There are amazing sights to be seen around every corner of our planet. Even though we can see pictures or videos on the Internet, it can never match seeing something with your own eyes. To truly experience the world, you must travel the world.

Speaking two languages can double the number of opportunities in your life. It is very difficult to learn a foreign language from home. To truly be able to master a second language, you have to be immersed in its native environment. While studying abroad, you should definitely attempt to master a foreign language.

Before finishing high school, you should spend a year abroad. It will inspire you, and broaden your thinking. You will have experiences that you would never have been available to you at home. And in the end, you can be a confident bilingual. I highly recommend doing everything you can to spend some time living abroad.

ひろつる式英語学習メソッド――自己紹介を100個覚える

「英語が話せない」という背景には、そもそも「何を話していいかわからない」という根本的な問題が潜んでいます。

英会話ができるようになったとしても、話すべき（話したい）内容がないと会話に行き詰まってしまいます。これも日本語と同じことです。

そこで私は英語教室の子どもたちに「自己紹介を100個書いて覚えておくと、外国人と話すときに困らないよ」と教えています。

子どもならfavorite sports（好きなスポーツ）とかfavorite food（好きな食べ物）、favorite pet（好きなペット）といったテーマで、週1本程度、自己紹介文を書いて覚えるとよいです。

週1本なら1年間で50本、2年間で100本以上の英語の自己紹介が用意できる計算です。これだけのバリエーションがあれば、誰とでも話のきっかけが見つけられて自信を持って会話できるようになります。

これは日本語の会話能力の向上にも役立ちます。

ごく簡単な自己紹介でよいので、コツコツと1つずつ増やしていきましょう。

次ページに自己紹介の一例を挙げました。テーマは「My pet」（私のペット）です。

サンプルを読んだら、別のトピックであなたも挑戦してみましょう。最初は、日本語だけでもかまいません（お題は例えば「私の好きな食べ物」）。

❖英文で自己紹介を書いてみよう

My pet

Have you ever seen the commercials with the white dog that can speak like a human? I keep a small white dog that looks just like him. His name is Pochi. My mother saw him, fell in love and brought him home to live with us when I was five years old. I take him for a walk every morning before school. Pochi is very smart and friendly, but unfortunately he can't speak Japanese like the dog in the commercial. If he could talk to me, I would want to ask him what his favorite place to walk was.

私のペット

みなさんは、白い犬が人間の言葉を話すテレビＣＭを見かけたことがあると思います。僕が飼っているのも白い犬。名前はポチです。僕が５歳のときにママが気に入って家族の一員になりました。ポチの毎朝の散歩は僕が学校に行く前の日課です。ポチはとても賢くて大の仲良しですが、残念ながらＣＭの犬のように日本語は話せません。もしも日本語が話せたら、一番好きな散歩コースを聞いてみたいです。

第9章

地方県立高校から
ハーバード大学現役合格へ

※本章で紹介する「ハーバード大学の合格条件」は廣津留すみれ氏がハーバード大学に合格した2012年時点の情報です。
最新の情報は、各自でお調べいただきますようお願い申し上げます。

なぜハーバードを目指したのか?

この章では、娘がハーバード大を受験して合格した経緯、それをきっかけに交流できたハーバード生たちのリアルを紹介します。

私は娘が幼い頃から大学受験をゴールとした家庭教育をしていなかったので、娘は高校生になっても志望校は特になく、塾通いを一度もしていないので日本の各大学の偏差値も知らず、大学名を口にすることもありませんでした。

そんな娘に転機が訪れます。イタリアの音楽コンクールにチャレンジして優勝したのです。そこで得た奨学金で、高2のときに全米バイオリン演奏ツアーを行いました。そして、アメリカの高校や大学でコンサートを開いたり、音楽家を志す生徒たちに教えたりと、とても貴重な経験をしました。

ツアーの最後は演奏家にとっての憧れ、ニューヨークのカーネギー・ホールでの演奏です。娘は堂々と演奏して、大喝采のスタンディング・オベーションで迎えられました。

大成功のツアーが終わり、ニューヨークで弁護士をしているアメリカ人の友人と食事をする機会がありました。その人はプリンストン大卒なのですが「娘さんと2人で、プリンストンを見学してから帰国したほうがいいですよ」と母校の見学をすすめてくれました。

プリンストンを見学するなら、せっかくだからボストンまで足を延ばしてハーバードも見学しよう。そんな軽い気持ちでプリンストンとハーバードを娘と一緒に訪ねることになったのです。

ただ単にキャンパスをぶらぶら散策するだけではもったいないと思い、せっかくの機会を最大限に活用するため、学生が案内してくれるツアーに参加しました。

娘はプリンストンを見学したときはおとなしかったのですが、ハーバードではものすごくうれしそうにしていました。案内してくれた学生と、あれこれと話し込んでいきいきとしていたのです。

帰国すると、娘はハーバードのホームページをチェックして、自分で入試情報を集めるようになっていました。

すると、ハーバード大受験のハードルは決して高くないことが徐々にわかってきました。日本のように指定された受験会場に出向いて一斉にテストを受けるというスタイルではなく、必要な条件を満たせばネット経由で日本にいながら受験できることがわかったのです。

しかし、この段階では娘の口から「ハーバードに入りたい」という言葉はまだ聞かれませんでした。

娘と一緒にネットで情報をゲット

高2も後半になると大学受験について考える時期を迎えます。

娘はずっとバイオリンを習っていましたし、クラシックのフェスティバルに出演するなど、課外活動も忙しく過ごしていました。

高2の冬休み。娘の同級生たちは大学受験に備えた冬期講習で大わらわでしたが、受験をまだ考えていない娘は、以前から観てみたいと言っていたミュージカルが上演されるという情報をネットで見つけてきました。

場所は日本ではなく、アメリカ・カリフォルニアです。「これは娘の人生のターニングポイントかもしれない」との直感で出かけることにしました。高校の修学旅行はオーストラリアでしたが、娘は参加しなかったので旅費はそれでまかないました。

お目当てのミュージカルを満喫して、元旦にカリフォルニアのビーチを2人で散策しているとき、娘がふと「ハーバードに行こうかな」と言い出しました。

ハーバード大は、日本にいながらにして受験できるというところまでは確認できましたが、具体的にどうすればよいかは、この時点ではまだ暗中模索の状態です。

そこで娘は帰国してからネット検索して、急いで受験情報を集めはじめました。

ハーバード大は日本人の感覚からすると「ハーバード・ユニバーシティ」ですが、高校生が受けるのは「ハーバード・カレッジ」。ハーバード・ユニバーシティは大学院とカレッジをまとめた総称であり、高校生が受験するのは「アンダーグラデュエイト」（学部課程）であるハーバード・カレッジなのです。

あとはハーバード・カレッジのホームページを調べれば、受験要項から奨学金情報まですべてそこに書いてありました。

こうした事実はハーバードの英語のホームページを調べて知ったこと。もし娘が英語力に乏しかったとしたら、受験のきっかけすら得られなかったことでしょう。

逆にいうと英語さえ使いこなせたら、ハーバードに限らず、世界の多くの大学がネット経由で受験できるようになっているのです。

なお、ハーバードについてはネット上に噂の類が氾濫していますが、大半が眉唾です。こうした情報に惑わされないためには、ひたすらハーバードのウェブページから「一次情報」を得ることです。これが成功の秘訣の1つです。

ハーバード大受験に必要なもの

アメリカ北東部のアイビー・リーグ（世界屈指の名門私立大8校からなる連盟）の1校であるハーバード大には、世界中から入学希望者が殺到します。

1学年1700人で、合格率はわずか5・2％（2016年度）。そのうち外国人学生は11％（英語ネイティブのカナダ・オーストラリア・イギリスの学生を含む）です。4学年6700人中、日本人学生は10人程度しかいません。

なかでも、日本の高校からハーバード大に受かるのは毎年2人ほど。それ以外の日

❖ハーバード大受験に必要なこと

- 願書
- 内申書
- 課外活動
- ２名の異なる科目担当教師からの推薦状
- 全米共通大学適性試験（SAT／ACT）
- 小論文
- （特筆すべき才能があれば）追加の作品など
- 受験料85ドル

本人でハーバード大に合格しているのは、帰国子女かアメリカ在住の邦人です。

ハーバードのホームページには「ベストな学生を世界中から集めることがハーバードのミッション」とあります。

ハーバードのいう「ベストな学生」とは、「優秀な学業成績」(academic excellence)、「学校外での際立った活動」(extracurricular distinction)、「優れた資質や個性」(personal qualities and characters) の3つをすべて満たす学生です。

もっと平たくいうと、心豊かでユーモアのセンスを兼ね備えたリーダーシップがあり、プレッシャーに強く、自信にあふれ、新しい考え方を柔軟に受け入れ、他人を常に思いやる。そんな学生を求めているそうです。

日本の現状の受験は、客観的に判断できるとされるテストや成績のみですが、これからは校外活動や資質・個性も問われるようになります。それは入学後に学生同士で学び合い、刺激し合う環境をつくるために必要だからです。

ハーバード大受験に必要なことは前ページの通りです。願書、ハーバード用増補、留学生用調査書は娘が自分で用意しましたが、内申書／成績証明書と先生の推薦状は高校の先生たちに手伝ってもらいました。

小論文（エッセイ）という難関に立ち向かう

合否を決めるうえで重要な意味を持つのが、エッセイ（小論文）です。エッセイはアメリカの大学の多くが加入している「コモン・アプリケーション」（出願専用サイト）用に1本、ハーバード大向けに1本、計2本必要でした。

娘はアマゾンでハーバード生が書いたエッセイ選集を買って、エッセイの書き方を研究し、娘なりに自分の人生を振り返ってエッセイを仕上げました。

その本によると大学入試のエッセイは、「困難克服系」「誰にも真似できない経験系」「日常を切りとっていきいきと綴る文学系」「他者を通して自分を見つめ直すストーリー系」という4つのパターンに分けられます。

合格後、娘に聞くと、まずテーマを見つけるのに苦労し、語彙の選択にも非常に気をつかったようです。

提出の2日前、娘にエッセイを見せてもらいました。それをアメリカ人の友達にメールして感想を聞いたところ、賛否両論……。「感動した」という友達もいれば、「こんな感動的な話はウソっぽいから評価されないかも」と心配する友達もいました。

もっとも、提出2日前でしたから大きな変更はできません。何よりエッセイの出来・不出来が合否を決定するとなると、母親とはいえ、うかつなことは言えませんから、あえて意見しませんでした。

そもそも「試験会場ではなく、自宅で書いたエッセイを提出するのなら代筆も可能では？」と思われるかもしれません。確かに代筆は可能です。しかし、代筆したとしても、おそらく見破られるでしょう。

アメリカには、感動的な話をスラスラと書いてしまうスピーチライターのような仕事をしている人が大勢います。一方でアメリカの大学には前述のようにアドミッションズ・オフィス（AO）という入試専門部署があり、1人ひとりじっくりと時間をかけて調べ、受験生の合否を見極めるのですが、そこには何十年も従事しているプロ中のプロもいます。

何十年も受験生のアプリケーション（願書）を評価している筋金入りのプロが、すべての提出書類と面接で総合判断するわけですから、エッセイの代筆も容易に見破ると思うのです。

娘が合格した後、ＡＯのスタッフと話す機会がありました。彼らは娘が出願した時点で「大分市がどこにあるのか」「大分上野丘高校とはどういう学校か」をまったく知らなかったそうです。しかし、次項で詳しく紹介する通り、選考の最終段階となる面接のときには、娘と高校や課外活動について大いに盛り上がって話しています。

それだけ綿密に受験生に関する情報を分析しているのですから、エッセイの代筆だけでなく他でズルをしたとしても、見破られるか、見破られなくてもよい印象を持たれることはないでしょう。

この他、アメリカの大学は「ポートフォリオ」を重視します。ポートフォリオとは自分の能力をわかりやすく示すための作品集のことです。

勉強以外の課外活動も重視するハーバード大では、ポートフォリオの提出を認めていますから、娘はバイオリンの演奏をＣＤに収めて提出しました。

ポートフォリオは何でも提出すればいいというわけではありません。ハーバード大では大学院の教授がポートフォリオを判定するため、「価値が低いと見なされた作品は減点の対象となるので、無理に送らないほうが無難です」と警告しています。

日本にいながら「スカイプ」で最終面接

書類とエッセイを提出して、そこから合格基準に達している受験生だけを選び、最終段階として面接で合格者をさらに絞り込みます。

さすがに面接は渡米しないといけないと思っていたのですが、これも日本にいながらでも受けられました。娘の場合、日本に住んでいるアメリカ人の卒業生と20分ほど電話で面接をして、これをパスしてからアメリカのAOのスタッフとネットのテレビ電話「スカイプ」で30分ほど面接をしました。面接会場は自分の部屋だったのです。

娘は面接を終えて部屋を出てくると「高2のときコンサートツアーで訪れたアメリカの田舎町の話で盛り上がった」とうれしそうにしていました。

娘は「バイオリンという武器があったから合格できた」と思われるかもしれませんが、ハーバード生のおよそ65%は何らかの楽器を弾いています。入学してみたら音楽コンクールで賞を受けている学生が大勢いて、珍しくも何ともなかったのです。音楽大学ではないハーバード大が、楽器を弾ける学生だけを集めるとは思えません。

おそらく、自宅にピアノがあり、家族がそれぞれ得意な楽器を持ち寄ったりして、いつの間にかアンサンブルがはじまるという文化資本の高い層が世界中から受験しているのでしょう。

アメリカには〝浪人〟という発想がない

娘のハーバード大受験に携わりながら、大学受験における日米の違いについて、いくつか気づかされました。

その１つは、アメリカには「浪人する」という発想がないこと。日本では大学合格者の８人に１人は浪人生で、かつて競争率の激しかった時代には３人に１人が浪人生だったこともあります。

アメリカの高校生たちは大学に進学すると決めると10～20校も受験することもあります。

ハーバード大やスタンフォード大のようなトップ校は合格率が４～５％ですから別として、合格率98％という大学もありますから、よほどのことがない限り、どこかの大学には受かります。

受験したすべての大学に落ちたとしても、全米各地にある高等教育機関の2年制大学には入れます。日本でいうなら短大のような機関であり、公立は「コミュニティ・カレッジ」、私立は「ジュニア・カレッジ」と呼ばれています。

そこで必要な学力をつけてから、一部の学生は4年制のリベラル・アーツ・カレッジやユニバーシティへ編入していくのです。

日本では浪人してでも偏差値の高い有名校に入りたいという人が多いですが、アメリカではみんなが「アイビー・リーグ、できればハーバードに入りたい」と思っているわけではありません。

根っからの個人主義であるアメリカ人にしてみたら、アイビー・リーグやハーバード大は、入れる人が入ればよいというスタンス。そこに入るために〝浪人〟するという発想はないようです。

その他、アメリカでは日本のように大学受験のため複数の塾に通うこともしませんし、予備校の全国チェーンもありません。毎週末のように模試もありません。昔から模試は不要だと思っていた私には、アメリカの受験環境のほうが日本よりもかなり合理的に思えます。

この先、主体性や創造性を問う問題が大学入試に組み込まれることになりますが、その対策を学校や塾に丸投げする〝二枚舌教育〟では、根本的な解決にはなりません。やはり、教育はまず「家庭から」なのです。

第10章

ハーバード流のズバ抜けた結果を出す行動術

日本にいながらハーバード生に直接学ぶ

娘のハーバード大入学をきっかけに、ハーバード生が日本の子どもたちに英語で教えるサマーキャンプ「サマー・イン・ジャパン」（ＳＩＪ）を立ち上げたことは前述した通りです。

２０２４年で12年目を迎えるこのサマーキャンプの参加資格は、英検３級以上の７～20歳。英検３級の英語力は「中学卒業程度」ですから、身近な英語を理解して使える程度の子どもたちが講師役のハーバード生を通じて世界を体感しながら、英語を道具として使いこなして、自己表現力を高めてもらうのが狙いです。

学校の夏休みの期間に１週間、大分市で学びます。英語を集中して学びつつ、子どもたちがハーバード生に日本の文化伝統を英語で紹介したりします。

地元以外の全国各地、それにアメリカ、カナダ、韓国など海外からの参加者が多いのが特徴です。

ハーバード生が７歳児に科学論文やプレゼンテーションの方法を教えるワークショ

ップは、アジア全域を見回しても他にありませんから、海外からも注目されています。

特に力を入れているのは「英語で発信する」というスキルです。

年齢ではなく英語力を基準に4つにクラス分けして、午前中は理科の実験の論文やエッセイの書き方、午後はプレゼンテーションや演劇、美術、コンピュータ・プログラミングなどをコース別に教えます。こうして密度の濃い1週間を体験すると、小学生でも英語のエッセイがひと通り書けるようになるのです。

講師役のハーバード生は、無給のボランティアです。主宰者の私自身も無給のボランティアで、受講生の会費と趣旨に賛同してくださる企業からの協賛金でハーバード生の旅費や宿泊費、食費をまかなっています。これで海外語学留学よりはるかに安い金額で〝国内短期留学〟が可能になっているわけです。

講師役の定員は毎年8〜12人。これに対して10倍近いハーバード生の応募があり、書類審査に加えて私がつくったテストの結果と面接で厳選します。

多くのハーバード生が興味を持ってくれるのは、日本で子どもたちに教えることを通して社会貢献できることが大きいようです。

それと同時に異文化を体験しながら、日頃は勉学に忙しくて会話する機会が少ないハーバード生同士が語り合えることで、新しい着想を得る貴重な機会にもなっているようです。

このサマーキャンプを通じて、多くのハーバード生と触れ合いながら私が学んだことを次に紹介しましょう。

ハーバード生の教え――締め切りギリギリに片づける

2013年にはじめてサマーキャンプを立ち上げたときのこと。開催は8月1日、講師役の応募の締め切りは、その4カ月ほど前の3月25日に設定しました。ところが締め切り当日の夜23時30分になってもハーバード生の応募者はゼロ……。

その後の段どりとして、ハーバード大の近くに面接とテストの会場を予約し、私が渡米して面接する手配までしていたので、筋金入りの楽観主義者の私でさえ、さすがに焦りました。

しかし、締め切り10分前の23時50分を過ぎたあたりから続々と応募が舞い込んできました。結局は定員8人に対し、応募者50人が集まったのです。

結果オーライとなって胸をなでおろしましたが、それにしても「なぜ締め切りの10分前になってから一斉に応募してきたのだろう？」と不思議でした。

そこで娘に尋ねてみたところ、ハーバード生の特徴を教えてくれたのです。

ハーバード生は授業でもプライベートでも、とにかくやるべきタスクがとても多いとのこと。普通の人が「1日ではとても無理」と思えるようなタスクを、その日のうちに要領よくこなしているそうなのです。

娘のスケジュールをちらっと覗いても、「これだけやることが多かったらストレスがたまるだろうなぁ」と親の私が心配になるくらいでした。

それくらい膨大なタスクをこなす秘訣は、締め切り当日に済ませること。逆にいうと、ハーバード生は締め切り日以外にはアクションを起こさないようです。

このことを知ってから、私もハーバード生にならって締め切り当日にやるようにしてみたところ、それまでに経験したことのないような異常な集中力が発揮され、効率的に済ませられるようになりました。

サマーキャンプに参加する講師役のハーバード生に連絡したいことがあって、私から「important」（重要）とか「urgent」（至急）といった半ば脅すようなメールを送っても、時間的に余裕のある段階では反応がありません。

彼らは完全に自らを主体的にコントロールしていることがうかがえます。

ハーバード生の教え――コミュニケーションは短く端的

ハーバード生は受け答えが的確、ムダなく短いという特徴もあります。メールでも会話でも、質問も答えも1文、そこに言いたいことを瞬間的に凝縮するのです。

私の経験からすると、あまりに短過ぎて、下手をするとこちらが聞き逃してしまうくらい。普通なら200字で伝える内容を15字に瞬時に凝縮して伝えているような印象です。

彼らが「えっ？　もう一度言って」と問い直すのは、固有名詞が聞きとれなかったときくらいです。ハーバードにはさまざまな国から学生が集まっていますから、聞きとれない固有名詞が少なくないのです。

娘はもともと何でも端的に受け答えするタイプではありましたが、そういうハーバードの環境に身を置いてから、余計に受け答えが短くなりました。

あるとき娘から届いたメールの文章で助詞の使い方が誤っていたので、それを私が指摘したら、「ここで要求される日本語は主旨が伝わればいいレベルでしょ！」と返信されてきました。

確かに大事な文章は何度でも推敲《すいこう》を重ねて書くけれど、情報伝達だけが狙いのメールなら助詞の間違いは致命的ではありません。ムダな推敲には時間を費やさない徹底ぶりなのです。

いずれにしても短い受け答えで的確なコミュニケーションを交わし、スピーディで的確な意思疎通を追求するのがハーバード流なのでしょう。

ハーバード生の教え――どんな人にも平等に敬意を払う

ハーバード生たちはそれぞれ個性的ですが、そのうえで他人の個性にも敬意を払って平等に接します。幼い頃からパーティやボランティア活動のような課外活動でさまざまな人たちと触れ合い、マナーや儀礼として誰に対しても敬意を持って平等に振る舞うことが身についているからでしょう。

似たような素養を持つ人が暮らす日本社会にいると意識しにくいものですが、世界は単色ではなくレインボーカラー。言葉だけではなく、文化的、宗教的にカラフルなのです。

よく知らない相手の言動には文化的、宗教的な背景のあるものも少なくありません。そうしたバックグラウンドを十分に理解するまでは、特に誰に対しても相手をリスペクトする気持ちを忘れないようにすることが最低限のマナーとなります。

ハーバード生の教え――笑顔を忘れない

ハーバード生は人と接するとき、笑顔を忘れません。口角を上げ、白い歯を見せて、爽やかな笑顔で接します。

サマーキャンプに参加した子どもたちにはもちろんのこと、滞在中に立ち寄ったコンビニやファミレスの店員さんに対しても笑顔で接します。笑顔を向けられて不愉快になる人などいませんから、円滑な社会生活を営むベースとなるのです。

私たちは初対面だと無意識のうちに身がまえて、表情がこわばってしまいがちです。

私はハーバード生の姿を見て、初対面の人にこそ笑顔を忘れないようにしようと学びました。

私たち日本人は、海外でしばしば「無表情で何を考えているのかわからない」と不気味に思われることさえあるほど、全般的に笑顔をつくるのが苦手です。

笑顔がないばかりに印象が悪くなってしまってはもったいないですから、人と接するときには笑顔を忘れないように意識しておきたいものです。

ハーバード生の教え――5分で80％を完成させる

ハーバード生に何かを頼むと、5分くらいで必ず何かのアウトプットがあります。

さすがのハーバード生でも、5分では80％程度の完成度ですが、それでも頼んだ側としては作業しやすくなります。

日本で優秀とされる人は、未完成のうちにアウトプットするのはよくないという潜在意識が働きがちで、ほぼ完成形に仕上げてからアウトプットする傾向があります。

頼んだ側にしてみれば3日かけて完成形に仕上げるより、80％の完成度でもたった

5分でアウトプットしてくれたほうが断然助かります。

そもそも3日かけて完璧に仕上げたと本人が思ったとしても、頼んだ側にしてみれば完璧ではないことが得てしてあります。

そうなると3日間がムダになるばかりか締め切りも迫り、お互いにとってメリットはありません。5分で80％の完成度まで高められたら、それをベースに話し合いながら修正しても丸3日はかかりませんから、そのほうが完成度はより高まるケースが多いのです。

ハーバード生の教え――否定形ではなく肯定形で話す

ネガティブなことを口にしないのもハーバード生の特徴です。

例えば、太っている人と話をしていて、その人の食生活が話題になったとしましょう。そんなときでも「いまの食生活を続けると、もっと太ってしまうよ」と身もふたもない正論めいたことを言ったり、相手を傷つけたりするようなネガティブなことは言いません。

例えば、こんな具合にポジティブな提案をするのです。

「いま流行《はや》りの糖質制限ダイエットが効果的だよ」「新しいスポーツクラブができたから、私と一緒に体験に行ってみない？」と。

日本のお母さんも「道路に飛び出しちゃダメよ」と否定形で子どもに注意しがちですが、「道路は左右をよく見てから渡ろうね」とポジティブに教えてあげたほうが行動しやすいのです。

学校の張り紙1つとってみても、日本では「廊下は走らない」と書いてありますが、「廊下は歩こう」のほうが行動しやすいでしょう。否定形で注意されるより、ポジティブに行動を導いてあげるほうが、「そうしよう！」と思えるものです。

ハーバード生の教え――平常心を保つ

最後に挙げるのは、平常心です。

ハーバード生は、みんな驚くほどの平常心の持ち主です。「この人たちはとり乱したりすることがあるのだろうか？」と思うくらいです。

驚くほどの平常心を備えているのは、娘と同じように、音楽のコンクールやスポーツ競技の試合のような勝負事、演劇やダンスのようなライブステージを幼い頃から体験しているからでしょう。

「心技体」と言いますが、緊張を強いられる本番で普段通りの実力を発揮するには平常心が求められます。

技術や体力があっても、本番で平常心を失うとせっかく培った実力を発揮できず、成果を上げられません。そんな経験を幼い頃から繰り返して、自然と平常心が身についたのだと思うのです。

ビジネスの現場でも、緊張を強いられるプレゼンテーションなどの場面では、プレッシャーに押し潰《つぶ》されないタフなメンタリティが求められます。これも発表の場がある習い事やスポーツのような課外活動を続ける効用の1つなのです。

〔親子対談〕

ハーバード生の楽しい育て方

※本対談は2016年に収録されたものです。

本書の最後に私たちがどんな親子関係にあるのか、ざっくばらんな「親子対談」で説き明かすことにしましょう。

英語で遊び、バイオリンをニコニコ弾いて、温泉に入る

真理　いきなりだけど、すみれにとって最初の記憶は?

すみれ　家でバイオリンのレッスンを受けている記憶ですね。ニコニコ弾いていたと、何となく記憶しています。

真理　それは何歳くらいのとき?

すみれ　2歳の終わり頃かな。それが最初ですが、そこから常に記憶の中にバイオリンがあって、いつも弾いているイメージです。

真理　それは自分にとって楽しい記憶なの?

すみれ　それまで触れたことのないものだったから興味があったし、自分の行動が音になって出てくるというのが珍しいというか、面白かったですね。

真理　「親が得意なものを子どもに教える」というのが私の持論だけど、すみれは押

しつけられた感覚はなかった？

すみれ　その質問はよく受けますけど、バイオリンも英語もやめたいと思ったことは一度もないし、振り返ってみると楽しくやっていたと思います。幼い子が「ママ、バイオリンをやりたい！」とは言い出さないと思うので、むしろきっかけを与えてくれて感謝しています。逆に私が嫌そうにしていたら、ママはどうしていました？

真理　何事もはじめるのは簡単でも、続けるのは難しいもの。何でもいいからずっと続けられることをやって欲しいと思っていたので、もしもすみれが「やめたい」と言ったら、ひたすら褒めたり、楽しい曲を教えたりして、何とかやめないように持っていったでしょうね。せっかくはじめたのにもったいないから。

すみれ　確かにママは褒めてくれたよね。何をやっても褒めるわけではなく、厳しく指導されるときもあったから、自分の中で何が良くて、何がダメなのかという評価の規準が自然に育まれた気がします。

真理　たぶん覚えていないと思うけど、1歳くらいから手書きで音符カードをつくってそれを読ませていたんだよ。それで絶対音感を養ったと思っている。

すみれ　感謝しています！　絶対音感が先天的に備わっているものなのか、それとも後天的に養われるものかは、まだわかっていないみたいですけどね。

真理　すみれは「ド・レ・ミ・ファ・ソ・ラ・シ・ド」がわかった段階で、うちで洗濯機がぐるぐる回っていると「ラララララ……」と歌っていたね。それから「掃除機と食器洗い機の音がハモっている」と言ったり。

すみれ　マッサージ機から発する音が曲に聞こえたりしたのを覚えています。絶対音感がある人のなかには日常の音がすべて音階に聞こえて、例えば雨音が「ファに聞こえる」という人もいるそうですけど、私はそこまでではなかった。

真理　そこまでいくと、それはそれで大変そう。英語に関する最初の記憶は？

すみれ　たぶん2歳の頃、階段にカードが置かれていて……。

真理　ドキッ、覚えていたんだ！

すみれ　1段ごとに文章を書いたカードが置かれていて、それを集めて自分で並べ変えて意味の通るストーリーをつくるという遊びをしていたのが、最初の記憶です。勉強ではなく、まるでゲームをしているような感覚で楽しんでいた気がします。それに限らず、英語を勉強したという記憶がない。何月何日に英検があるからそこに向けて問題集をやろう、単語を覚えようという感じ。勉強というよりも遊びに近い感覚でした。

真理　すみれは4歳で英検3級を受けて合格したでしょ。小学校に上がる前に「検定」を受けるのは不思議な気分だった？

すみれ　他の家庭を知らないから、そういうものだと思っていた。英語で遊んで、バイオリンを弾いて、温泉に入って、英検を受ける……みたいな（笑）。

真理　確かに。地元の大分は〝おんせん県〟だから、小学校に上がるまでは一緒に仲よく近所の温泉に行ったよね。

個室もあったけれど、リビングのテーブルで高校まで勉強を続けた

真理　そんなふうに温泉三昧で過ごしてきて、幼稚園の年長さんにいきなり入って、カルチャーショックとかギャップはなかった？

すみれ　さすがにはじめのうちは多少違和感がありました。私は兄弟姉妹もいないし、習い事以外では同年代の子どもと出会ったことがなかったので、少しびっくりしたというのはあったと思うけど、しばらくするうちに慣れて友達も大勢できました。

真理　子どもは適応性が高いからね。

すみれ　友達ができると一緒に遊ぶのも楽しくなったし、幼稚園がクリスチャン系だったからミサとかイベントがたくさんあって楽しいなと思いましたね。

真理　バレエはどうだった？

すみれ　う〜ん、バー・レッスンが嫌だった。

真理　嫌だったんだ（笑）。

すみれ　先生たちも好きだったし、踊るのもすごく楽しかったんですけど、準備体操が面倒くさかったというイメージが強いですね。

真理　向き、不向きは誰にも当然あるからね。小学校の思い出は？

すみれ　バイオリンを弾いて、土日になると怪しいパーティがあって……。

真理　ドキッ！　ホームパーティはどんな思い出がある？

すみれ　とっても楽しかった。普段は会えない外国人と英語でおしゃべりできるし、その日だけは特別に美味しいご飯も出るし（笑）。

真理　大分は田舎だから、小学生のうちから塾通いする子は少数派だけど、中学生になると塾通いする子が増えたよね。一緒に塾通いしたいとは思わなかった？

すみれ　私にはバイオリンがあるから無理だと思っていました。普段から1日2～3時間、コンクール前は5～6時間練習していましたから。

真理　1つのことを1万時間くらい続けないとモノにならないという「1万時間の法則」があるから、すみれはバイオリンに集中して正解だったとママは思うけど、スポーツとかもっと別のことをやりたかったとは思わない？

すみれ　ないですね。だって、いま十分楽しくやれているので。

真理　高校の記憶は？

すみれ　学校の宿題がとにかく多くて、夜遅くまでやらなきゃいけなくて、バイオリンの練習をするのが難しくなりました。

真理　だからママは「宿題は答えを写せ」と言ったでしょ。

すみれ　そうそううまく写せるとは限らないし、宿題の延長線上にテストがあったりするので、宿題は宿題でやっておきたかったという気持ちもあったんです。

真理　宿題なんて写して丸暗記したほうが効率がいいのに。

すみれ　そういえば、私が勉強していると、ママは怒っていたよね？

真理　はい、はい。「学校の勉強をうちでするなんてあり得ない。そんな暇があったら人生勉強しなさい」と言っていた。

すみれ　私はずっとリビングで勉強していたから、何をしているか丸わかりだから。ところで、どうして私はリビングで勉強するようになったの？

真理　ママにとって、個室でおきまりの学習机で勉強するという発想が意味不明。うちのリビングには長さ2・2m、幅1・2mくらいの広いテーブルがあったから、それを自由に使ったほうが効率的に学べると思ったの。それで学習机を買わなかったから、すみれは自然にリビングで勉強するようになったというワケ。

すみれ　個室はもらっていたけれど、テーブルの居心地がいいから、だいたいリビングにいましたね。バイオリンも防音室で弾いていたし。個室は両親に見られたくない日記を書いたり、眠ったりするためだけに使っていた。

真理　すみれがリビングにいても、両親は勝手に2人でワインを飲んだり、まったく別のことをしたりしていたから、邪魔にはならなかったでしょ。

すみれ そうですね。うるさくて集中できないということはなかったですね。

エッセイと面接でハーバード合格をつかみとった

真理 すみれは、高校2年生のときにアメリカでハーバードを実際に見てみて、どんなところが気に入ったの？

すみれ 現役生に案内されて寮を見せてもらったりして、自由な雰囲気が気に入りました。自由というか、いい意味で適当（笑）。ある学生は「ルームメイトが政治を勉強していたから自分も政治専攻にした」とか言っていて、なんてゆるいんだろうと思いつつ、そのゆるさが自分に合っていると思いました。あと学業とバイオリンをどう両立させるかが自分のテーマだったのですが、ハーバードは音楽やスポーツのような課外活動に力を入れる学生が多いと聞いて受けてみようと思ったのです。

真理 高校の先生方はすみれが東大に行くと思っていたので、東大入試問題の宿題をどっさり出してくれたね。細かいところをひたすら突く〝重箱系〟の宿題を。

すみれ　そのかたわらでSAT用に化学の内容をイチから英語で覚え直していたりしたので、時間が足りなくて寝不足だった……。

真理　SATのレベルはどうだったの？

すみれ　数学は日本のほうがレベルは高くて、化学も英語で覚え直せば大丈夫だった。理系はそんな感じだったけれど、英語（アメリカ人にとっての国語）はちょっと手強かったかな。でも、ママの指導で子どもの頃からアカデミックな英文を読む訓練をしていたので、乗り切れました。それにしても、何回受けてもいいというSATのシステムはすごくフレキシブルで、真の学力を測れる合理的なシステムだと私は思いました。誰しも調子の波があるから、日本のセンター試験のように本番1回きりだと、真価がわからないと思います。

真理　慣れたら誰でも英語は話せるようになるけど、英語が話せてもハーバードの問題は解けない。だから子どものうちから、大学入試レベルのアカデミックな英文を読み解く訓練が必要なんだよね。エッセイ（小論文）は苦労しなかった？

すみれ　日本では日本語でもライティングの授業がなくて、どうやってロジックを組み立てるかも習った経験がなかったので、英文でエッセイを書くのは大変だった。

真理　ハーバードに受かった人の感動エッセイ集で勉強していたでしょ。

すみれ　でも、正直、そんなに参考にならなかった（笑）。『私はスペイン人の父とロシア人の母のもとに生まれて、アメリカでの生活に戸惑い……』とか『幼い頃に父と別れて母が苦労して育ててくれて……』とか、エッセイ集は困難克服系の話ばかり。私はそこまでドラマチックな人生を送っているわけではなかったので。

真理　『私は日本のおんせん県と言われる大分に生まれて、小さいときから幼稚園に通う代わりに温泉にたくさん連れて行かれて……』ではまず評価されないよね（笑）。

すみれ　絶対無理！　だから、素直に自分が大好きな日本の文化と幼い頃から続けてきた音楽のことをストレートに書きました。結局、エッセイで問われているのは「自分自身とは一体何者なのか」を発信することだと思います。エッセイを書く過程で自分自身を見つめ直して、それまでの歩みを振り返ることができてよかったです。

真理　通らなかったら、どうしようという不安はあった？　ないよね？

すみれ　さすがにありましたよ！　日本みたいに何点とったら受かるという保証は、どこにもないわけですから、直前まで合否がわからない状態。でも、スカイプでの2次面接はすごく盛り上がったから大丈夫かなと思っていました。バイオリンのコンクールで培《つちか》った本番での強さとか、子どもの頃からいつも大人が周りにいたので面接でも緊張しないとか、そういうところは面接でも役立ったと思います。

真理　そうだね。バイオリン用の防音室ですみれが面接しているから、気になってこっそり窓から覗いていたら、あなたが口を開けてガハガハ笑っていたから、一体何が起きているのかわからなくて心配だったくらい。

すみれ　盛り上がり過ぎて爆笑していたのです。

真理　好きな本の話もしていたよね？

すみれ　アメリカの大学では「好きな本は？」というのは面接の定番の話題みたい。でも、そんな大事な質問だと知らなくて、好きなのは『ダレン・シャン』（児童向けのファンタジー小説）と答えてしまいました。

真理　それをあとで聞いて「定番の質問だとあらかじめ知っているのなら、なぜウソでもいいからシェークスピアとかフォークナーと言わなかったの！」と思ったのよ。

すみれ　この親にしてこの子あり、です。

真理　すいません、楽天家だからね。私の予想通り受かったから、周りは大騒動。

すみれ　同級生は私が東大を受けると思っていたから、ハーバードを受けることは黙っていました。知っていたのは本当に仲のよい友達2人くらい。だから、合格をもらってから「ハーバードに受かった！」と告白したら、他の友達も先生もびっくり。はじめはきょとんとして「何の冗談を言っているの？」という反応でした。ハーバードからも慶應からも12月に合格通知をもらったから、結局東大は受けなかった。1月のセンター試験はもはや不要でしたが〝一応〟受けました。

忙し過ぎてホームシックになる暇もない学生時代

真理　すみれは2016年5月、卒業論文が最優秀賞を得て無事に卒業したけれど、ハーバードでは4年間どんな学生生活を送っていたの？

すみれ　最初の1年間は慣れるのに必死でホームシックになる暇もないくらい。宿題も多いし、やらなきゃいけないことが山盛り。社交の機会が多くてどんどん友達ができるので、人間関係もそれなりに大変でした。

真理　英語はどうだったの？

すみれ　授業では結構簡単な英語が使われているし、予習して知らない単語は事前に調べておくから問題はないけれど、友達との会話は慣れない口語がバンバン使われるし、スピードが速過ぎて聞きとれないこともあって苦労しました。それに完全に慣れたのは2年目からですね。会話は自分の置かれた環境の英語レベルに応じて現地で慣れるしかありませんが、文化的・社会的な要素も強いので、まずはつき合うグループにとにかく馴染むことが大切だと思います。

真理　ハーバードの学生たちは全員寮に入るよね。寮生活は?

すみれ　1年生は3人部屋で、2年生から2人部屋に変わりました。1年生のときは10時開始の授業に10時に起きて行けるような場所だったのでラクでしたが、1年生のときはあえていろいろな人種が共同生活を送るようにランダムにアサインされるので、自分とは違う資質のルームメイトと一緒に過ごしていい勉強になりました。

真理　専攻は2年生の2学期目に決めるんだよね。はじめ応用数学を選んだと聞いてビックリした。

すみれ　数学が面白そうだと思ったけれど、1学期やったら、ちょっと違うなと思って社会学に替えてみました。そして社会学を2学期くらい受けていたら、音楽も足してみたら面白いかもしれないと思いはじめて……。

真理　もともと音楽を専攻するつもりはまったくなかったんだよね。

すみれ　それまで16年間やってきたので、せっかくなら違う分野にトライしたいという気持ちが強かったんですけれど、他の分野と組み合わせてみたら音楽の新しい魅力が発見できるかもしれないと思ったのです。加えて第2専攻でグローバルヘルスを選択しました。

真理　日本の大学生だと大学に行くイコール就職準備で、3年生から就活をして企業を訪問したり、インターンをしたりする。すみれは？

すみれ　何もしていません（笑）。3、4年はハーバードのオーケストラのツアーでイスラエルとヨルダンに行ったり、ヨーロッパで音楽修行したりしていたので、インターンに出る余裕がありませんでした。毎年夏は「サマー・イン・ジャパン」（SIJ）にかかり切りだったし。

真理　その通りです。

すみれ　ハーバード卒業後はニューヨークのジュリアード音楽院の修士課程で2年間学びます。その後については、まだ考え中。得意の音楽と英語を活かした仕事に就ければいいと思っています。

真理　SIJで大分に来てくれるハーバード生も割とそんな感じだよね。「これからどうするの？」と聞いたら、「しばらく冒険してきます」とか（笑）。

すみれ　ハーバード生に限らず、アメリカの大学生は卒業イコール就職ではないですよね。卒業してから1年間、見聞を広めるための旅行資金を提供する奨学金とかも結構ありますから。

真理　日本もその点を変えたほうがいいよね、飛び級の学生もいるでしょ。

すみれ　日本と同じで大学は通常18歳で入学しますが、ハーバードにも15歳くらいで入ってくる秀才がクラスに1人くらいいます。すごいと思うけれど、年齢が違うからクラスメイトと話も合わないし、人間関係がちょっと心配です。

真理　誰が見ても「この人、天才！」というタイプも結構いるよね。

すみれ　理数系にはいますね。数学オリンピックで金メダルを獲って、みんなが徹夜して必死になって解いている問題を一瞬に解いて、暇だから家でピアノを弾いている人とか。あと「ハーバードの授業より、自分でスタートアップ（起業）したほうが価値がある」と思って中退するツワモノもいます。

自分のことを自分で発信する力が常に問われる

真理　すみれがハーバードに行って学んだことは？

すみれ　たくさんあります！　1つ目はやるべきことが多過ぎて時間が足りないから、スケジュール管理がうまくなりました。主専攻が49分野、コースが3900もあるので、友達ともスケジュールが合わないし、授業によって午後1時からはじまるものもあれば、午後1時半からはじまるものもあるので、自分の専攻のスケジュールも、パズルみたいにうまく組まないと効率的に回らなくなります。

真理　友達と会うのにもいちいちアポイントメントを入れるって本当？

すみれ　どうしても会いたい友達がいたら、ランチタイムに場所を決めて集合して1時間たったら「じゃあ、サヨナラ」みたいな感じですね。

真理　友達との雑談もアポイントメント形式なんだ。

すみれ　そっけないように聞こえますが、お互いに忙しいから、それが理想。ダラダラしなくて済むから、むしろ快適です。みんなそれぞれ違うことをやっているので、そうやって優先順位をつけて効率化しないとやるべきことが終わらないのです。

真理　子どものときから「ToDoリスト」でスケジュールを自己管理してきたのは、やっぱり役立った？

すみれ　ハーバードにいる人の大半はそうやって育ってきたと思います。

真理　時間の使い方以外に勉強になったことは何？

すみれ　いろいろな背景のある人たちの意思統一を図って、1つのことを成し遂げるマネジメント力ですかね。私は室内音楽のグループ、古楽やオペラをプロデュースするグループのプロデューサーを2回体験しました。60人くらいが一気に動くのをマネージしなくてはならない役目でした。

真理　それってとっても大変そうだね。

すみれ　日本だとバックグラウンドが似ている人が大半なのでもっとやりやすいと思いますが、アメリカでは日本とは完全に背景が違うので、どうやったらグループのメンバーがこちらの意図通りに動いてくれるか、あるいはメールでどういう頼み方をしたら返信があるのかを徐々に学びながら手探りでプロデューサー業を続けました。１年目は戸惑いましたが、２年目からは結構スムーズに進みました。

真理　それは日本ではできない体験だったね。

すみれ　それまでのように舞台でバイオリンを弾くだけではなく、裏方もやってみたいと思っていたので、ちょうどいい機会でした。

真理　学業と同じくらい課外活動が多かった？

すみれ　グーグル・カレンダーが完全に埋まるくらい（笑）。

真理　ファンドレイジング（ＮＰＯが活動のための資金を個人、団体、政府などから集める活動）もやるんでしょ。

すみれ　そうです。例えば、オペラを公演するにしても、音楽会をやるにしても、それなりのお金がいりますが、学生が資金集めから自分たちでやるのが基本です。インターネット経由のクラウドファンディングで資金を集める場合もあれば、関連する財団に手紙を送って資金を募る場合もあります。

真理　自分たちがやることにどんな意味があり、それが社会にこう役立つから、そのためのお金を出してくれと頼むわけね。まるで起業のシミュレーションみたい。

すみれ　そうですね。あとアメリカの大学に行って思ったのは、課外活動に限らず、自分で考えて発信する力がないと何もできないということ。授業中でも、質問や発言をしないと存在していないとみなされます。そこでは正解を言い当てるのではなく、自分がどう思うか、それはなぜかをきちんと説明しないといけないのです。

真理　そんな質問、わざわざしなくてもいいのにと思うことも結構あるでしょ。

すみれ　ある、ある。でも、先生も生徒たちにディベート（議論）を任せてしまい、いろいろな考えを引き出すようにしているのがアメリカの大学の特徴だと思う。

真理　間違うと怒られるから、質問も発言もしない子どもが増えるのは日本の教育の弊害だね。筆記試験のように議論での発言にも正解があると思ってしまう。

すみれ　日本とは対照的に、アメリカではたとえ自信がなくても自信があるように見せる演出をしておかないと、周りが言うことを聞いてくれないという事情もある。それはオペラのプロデューサーを任されたときに思いました。だから授業でも、胸を張って正々堂々とくだらない質問をする（笑）。

真理　うちの英語教室の宿題で長文の文章を出したら、子どもから「ママ、この文章がわからない。何が書いてあるの？」と聞かれたらしく、お母さんから「先生、うちの子がこの問題がわからないと言うのですが、私が教えてもいいのですか？」という相談がわざわざ来る。問題はただ1つの正解を求めて1人で孤独に解くものという認識で、親子で楽しく話し合いながら学ぶという発想がないのね。議論も親子の話し合いも、考える力を育てる絶好のチャンスなのに。

すみれ　ハーバード生の家庭環境は、それが当たり前だと思います。そんな社会に溶け込めたのは、子どもの頃からパーティなどでいろいろなバックグラウンドの人たちとコミュニケーションを交わしていた経験があったからです。

真理　ありがとう！　頑張ってよかったわ（笑）。

著者略歴

廣津留真理（ひろつる・まり）

ディリーゴ英語教室主宰／一般社団法人Summer in JAPAN代表理事/株式会社ディリーゴ代表取締役。一人娘のすみれさんは、2012年に大分の公立高校から塾なし留学経験なしでハーバード大学に現役合格。

英語指導30年超えの実績と娘への家庭内での学習指導経験を踏まえて編み出した独自の「ひろつるメソッド」を確立。英語教室やセミナーにて、これまで1万人以上を指導。現役ハーバード生が講師陣のサマースクールSummer in JAPANは、2014年、経済産業省「キャリア教育アワード奨励賞」受賞。著書に「英語ぐんぐんニャードリル」「英語で一流を育てる」など多数。「UFOたぬきイングリッシュ」でアプリ開発も。早稲田大学卒。

SB新書　643

新版《しんばん》　世界《せかい》に通用《つうよう》する一流《いちりゅう》の育《そだ》て方《かた》
地方公立校《ちほうこうりつこう》から〈塾《じゅく》なしで〉ハーバードに現役合格《げんえきごうかく》

2024年1月15日　初版第1刷発行

著　　者　廣津留真理《ひろつるまり》
発 行 者　小川 淳
発 行 所　SBクリエイティブ株式会社
〒105-0001 東京都港区虎ノ門2-2-1 住友不動産虎ノ門タワー
電話：03-5549-1201（営業部）

装　　幀　杉山健太郎
組　　版　株式会社キャップス
編集協力　井上健二
編集担当　齋藤舞夕（SBクリエイティブ）
印刷・製本　大日本印刷株式会社

本書をお読みになったご意見・ご感想を下記URL、
または左記QRコードよりお寄せください。
https://isbn2.sbcr.jp/24637/

落丁本、乱丁本は小社営業部にてお取り替えいたします。定価はカバーに記載されております。
本書の内容に関するご質問等は、小社学芸書籍編集部まで必ず書面にて
ご連絡いただきますようお願いいたします。

ISBN　978-4-8156-2463-7